昭和史からの警鐘

松本清張と
半藤一利が
残したメッセージ

Yoshida Tomohiro
吉田敏浩

毎日新聞出版

昭和史からの警鐘

松本清張と半藤一利が残したメッセージ

目次

凡例

＊文中敬称略（第一章〜五章）
＊引用文中の〔　〕内は著者が補った語句である。
＊国会答弁の引用文は、原則として語尾などの「ですます調」を「である調」に換えた。答弁をした大臣、官僚などの職務・役職の名称は、特に断りがない限り、その当時のものである。

カバー写真　毎日新聞社
ブックデザイン　鈴木成一デザイン室

第一章

昭和史を軸にした二人の交わり
自衛隊極秘「三矢研究」を暴露

実証主義に徹した姿勢

『点と線』など社会派推理小説の創始者にして、動乱の戦前昭和の深層に迫る大河ノンフィクション『昭和史発掘』も残した現代文学の巨匠、松本清張。「歴史探偵」を名乗り、実証的手法で昭和と戦争の諸相を縦横無尽に探究し、ベストセラー『昭和史』などを生んだ歴史の語り部・作家、半藤一利。二人は生前、作家と編集者として深い交わりを持った。

松本は一九〇九年（明治四二年）一二月二一日に生まれ、九二年（平成四年）八月四日に八二歳で死去した。半藤は一九三〇年（昭和五年）五月二一日の生まれで、二〇二一年（令和三年）一月一二日に九〇歳で亡くなった。二〇二二年はそれぞれ没後三〇年と没後一年だった。

半藤が文藝春秋の編集者時代に関わった松本作品としては、『昭和史発掘』のほかに、官僚機構の権力作用の内幕に解剖のペンを振るったノンフィクション『現代官僚論』、経営破綻した安宅産業をモデルにカナダでの製油事業に賭けた商社マンの非運を描く経済小説『空《くう》の城』、江戸時代の豊後の隠し金山の秘密をめぐる伝奇物語『西海道談綺』などがある。カナダや大分県などでの現地取材にも同行した。

『昭和史発掘』の『週刊文春』連載当時、編集部デスクをつとめた半藤は、作品と取り組む松本の姿勢を自著でこう評している。

「事実を広く収集し、当事者の肉声をできるだけ集め、それをきちんと整理し、固定観念に捉われることなく、自分の頭で考え優しく語る、それ以外に昭和史を書くことはできない。そのことを、清張さんはこの作品で具体的に教えてくれた」
――『清張さんと司馬さん』NHK出版　二〇〇一年

その実証主義に徹した姿勢は、まさに半藤自身のものでもあり、『昭和史』や『日本のいちばん長い日・決定版』、『ノモンハンの夏』、『ソ連が満洲に侵攻した夏』などの諸作品に表れている。

松本も半藤の昭和史への造詣の深さを認め、情報や意見の交換、作品の企画や資料調査の相談などもしていた。松本が亡くなった一九九二年、月刊『文藝春秋』に連載予定のまま未完に終わった、占領時代のGHQ（連合国最高司令官総司令部）と服部卓四郎機関（旧日本陸軍参謀などの軍人グループ）と日本再軍備をめぐる小説に関しても、半藤は相談を受けていた。

「平成四年（一九九二）四月二十日夜、清張さんは脳出血で倒れて入院しました。実は、その日の昼すぎ、つぎの作品のための論議やら取材の打合せやらで、お宅の応接間に三時間近く居つづけていたのです。GHQ内部の確執と服部卓四郎機関、そして日本再軍備の内幕がつぎの作品のテーマでした。夕方から銀座で会合があるとのことでお暇しましたが、『明日の午後三時にまた伺います』と約束しました。

いま〔北九州市立松本清張〕記念館に移築されている書斎の、机の右上のほうにスケジュール表がかかっています。その二十一日三時のところに『文春』と清張さんの字で書か

れています。まさに、わたくしとの約束の時刻であったのです。しかし、すべては空しくなりました」（同前）

と、半藤は松本との最後の別れを振り返っている。

二・二六事件を描き尽くして

『昭和史発掘』では、一九三六年（昭和一一年）の二・二六事件がひときわ大きく取り上げられた。「昭和維新」を叫んで重臣・閣僚を殺傷するクーデターの挙に出た「皇道派」陸軍青年将校らと、鎮圧した陸軍省・参謀本部の幕僚・将官らの緊迫した動きを追う筆致は、臨場感をかきたて、動乱の混沌と軍内部の力学を細部にわたって描き尽くす。

鎮圧側の「統制派」幕僚・将官らはこの事件を契機に陸軍内の主導権を握った。二・二六事件は政財界や言論界に軍の血なまぐさい武力発動・テロの恐怖のイメージを焼きつけた。軍部はそのイメージが放つ心理的な威嚇の効果を背に、組閣の成否も左右する「軍部大臣現役武官制」を復活させるなど、政治への干渉を強め、国家総力戦・総動員体制の構築に歩を進めた。

この現役武官制は陸軍大臣や海軍大臣を現役将官に限り、軍部の気に入らない内閣には初めから大臣を出さないことで、組閣をはばめる。あるいは陸軍大臣や海軍大臣が辞職して、後任を出さないことで倒閣にいたらせる。

半藤いわく「陸海軍大臣のない内閣はあり得ない」から、「内閣をつぶすのもつくらないのも、軍の思うまま」で、「政治に介入するための伝家の宝刀」を軍部は握ったのである（『昭和史』平凡社　二〇〇四年）。

松本は『昭和史発掘13』（文藝春秋　一九七二年）でこう指摘している。

「軍部は、絶えず『二・二六』の再発をちらちらさせて政・財・言論界を脅迫した。かくて軍需産業を中心とする重工業財閥を抱きかかえ、国民をひきずり戦争体制へ大股に歩き出すのである。この変化は、太平洋戦争が現実に突如として勃発するまで、国民の眼にはわからない上層部において静かに、確実に、進行していた」

半藤もまた次のように述べている。

「清張さんが言うとおりで、これ〔二・二六事件〕以後の日本は、テロの脅しがテコになって、ほとんどの体制が軍の思うままに動いていくことになる」

——『昭和史』

『昭和史発掘』で二・二六事件に大きな比重がおかれたのは、それが軍国主義と戦争にいたる昭和史の重大な転回点だったからである。と同時に、松本が意識していたのは、二・二六事件が単に過去の話ではなく、『昭和史発掘』を連載していた一九六四年（昭和三九年）〜七一年（昭和四六年）当時の日本社会、すなわち戦後昭和に確かにつながる問題だという点だった。講演録「小説と取材」(『オール讀物』一九七一年七月号　文藝春秋)での以下の発言にそれは表れている。

『昭和史発掘』は、陸軍にファシズムがすすんで二・二六事件に至るまで書き続けた。特に二・二六事件に重点をおいたのは、ああいう武力クーデターは今後もまた起こるかもしれない、現在は軍隊と同じものがあるから同じことがいつくりかえされるかわからないという懸念からです」

「現在、日本では防衛予算というものは、年々ふえている。ちょうど二・二六事件の前にも軍事予算が膨大にふえ、時の高橋是清蔵相はこれを押さえるのに非常に苦労した、それとどこか似ている」

「二・二六事件というものはけっして過去のものではない。なぜそんなに力を入れたかと申しますと、今申し上げたように、これからの日本の行く道に一つの警告の意味をもって書いたつもりであります」

自衛隊極秘の「三矢研究」

この発言中の「現在は軍隊と同じものがある」という部分は、自衛隊の存在を指している。つまり、自衛隊という軍事組織がいつか文民統制(シビリアン・コントロール)を逸脱し、暴走する可能性を懸念していたのである。だから、二・二六事件の全貌を描き出すことで、現代日本社会に警鐘を鳴らそうというのである。

それほどまでに強調するこの松本の言葉は、一見大げさにもみえる。考えすぎだと思う向きも多かろう。だが、松本にはこうした強い問題意識から、二・二六事件の解明に力を入れるだけの理由があった。

それは、自衛隊の中枢に位置する統合幕僚会議（現統合幕僚監部）が、一九六三年（昭和三八年）二月一日〜六月三〇日、時の池田勇人首相にも知らせぬまま密かに、朝鮮半島での武力紛争の勃発とその日本波及を想定して、国家非常事態の宣言、政府機関の臨戦体制化、非常事態措置諸法令の制定、情報統制、国家総動員体制の確立、米軍の核兵器使用もふくむ日米共同軍事作戦などを具体的に研究する、「昭和三八年度統合防衛図上研究」（通称「三矢《みつや》研究」）をおこない、その極秘文書を松本が入手して、自衛隊の政治介入を憂慮し、告発したことにもとづいている。

松本はこの「三矢研究」について、月刊『文藝春秋』連載「現代官僚論」の「防衛官僚論」（一九六四年九月号〜一一月号）で暴露した。同研究は自衛隊の事実上の「作戦計画」であると指摘し、その文民統制からの逸脱が戦争国家化と国民統制・動員をもたらし、人権侵害を招く危険性を、次のようにまとめている。

「緊急事態下の治安維持に必要な措置としては、急速に戦時立法的な法令がつくられるだろう。現行法（憲法を含んで）の範囲では強制措置に疑義があるので、次の目標によって法令の改正、又は制定がなされると思われる」

「①日共の非合法化②在日共産系団体の解散③破防法該当者の検挙の強化④反政府勢力及び同調的な中立勢力に対する弾圧⑤国内スパイ活動の排除（国外からの潜入分子を含む）⑥秘密保護法の設定⑦報道機関の統制と政府広報活動の強化（新聞、放送など）」

「経済はどうか、これは当然統制が強化され、次の措置がとられると思われる」

「①生活必需物資の規制②戦略物資の統制③物価統制④金融統制⑤輸送統制」

「国策遂行に必要とする要員を確保するため必要な施策を推進するか、要員確保のための強制措置をとる。この要員確保のための優先順位は、自衛隊、治安関係、民間防衛関係、その他とする」

「これらの法令化のため直ちに臨時議会を召集し、政府提案となし、できるだけ速やかに議会の通過を図る。また、情勢次第で、その余裕がないときは、議会で事後承認を得る前提のもとに総理大臣の行政命令とする」


そして、こう訴えている。


「自衛隊の『作戦計画』は、国民が常から批判し、監視しなければ、いつ、どんな危険な暴走になるか分からない」

「自衛隊の緊急事態の発令も情勢判断によってなされると思う。しかし、この『判断』は誰によって行われるのか。それは国民ではない。国民はこの判断を行う防衛庁の制服組

〔自衛隊幹部〕に対して、常から厳に監視しておく必要があるのだ」

軍事組織の暴走への懸念

「三矢研究」の極秘文書が松本の手に渡るに際し、実は半藤のもとを経ていたことは、知る人ぞ知る話だ。当時、半藤は『文藝春秋』編集部デスクだった。半藤によると、文書は同誌編集部のO記者が独自に入手してきたものだという。

「この機密書類を初めて目にしたときのショックはいまも忘れられない。スクープしてきたO記者は、リークした相手の名については多くを語らなかったが、防衛庁〔現防衛省〕の某幹部であろうことは想像ついた。ゼロックスのない時代だったから、急いで全文を写真に撮り、O記者は倉皇《そうこう》として持ち主のところへ返しにいった。松本清張氏が『文藝春秋』に連載していた「現代官僚論・防衛庁篇〔防衛官僚論〕」（昭和三十九年十一月号）に、この文書が引用されたのにはこうした経緯があった」

――「あばかれた三矢研究」半藤一利著／『昭和日本史14・昭和史の謎』坪田五雄編　暁教育図書　一九七七年

半藤は、「太平洋戦争下のような国家総動員体制」をめざすこの自衛隊の企図を、きびしく批判している（同前）。

「朝鮮半島で北朝鮮軍が三十八度線を突破して韓国内に侵攻を開始、日本国内の治安情勢が悪化したという想定からして、この研究は衝撃的なものであった。しかも単に軍事面の研究だけでなく、非常事態に対する立法措置の研究が含まれていて、いわば〝軍の政治介入〟にまで及んでいる」

「また反撃作戦として、日本防衛に直接関係のある敵基地に『限定作戦』を想定するなど、〝自衛〟の限界すらも超えた研究だった」

半藤は「三矢研究」文書の重大性を即座に見て取り、これを松本の告発の史眼とペンに託そうと考えたのではないか。

「三矢研究」をおこなった当時の、自衛隊統合幕僚会議と陸上・海上・航空の各幕僚監部の将官・佐官クラス五三名のうち、ほぼ九割が旧日本軍の将校出身で、かつて陸軍の参謀本部や海軍の軍令部に属していた者も相当いた。

同研究の非常事態措置諸法令に関する部分は、戦前の戒厳令や徴発令、国防保安法、国家総動員法にもとづく国民徴用令・海運統制令などを参考にしており、旧軍時代の国家総動員体制をひな型にしているのは明らかだ。

松本は「防衛官僚論」での「三矢研究」の分析に際し、「旧軍人組の思考の根底にあるものは、旧軍閥時代に培われた旧帝国軍人の権限意識にほかならない。軍国主義の波に乗って膨張を重ねた華やかなる旧軍国主義の軍人のもつ権限意識、それはまた『失地回復』への盲目的な郷愁でもあろう」という側面も重視していた。

半藤も、旧日本軍将校だった自衛隊幹部によって「練り上げられた研究である」点に注目していた(同前)。

二人は、実質的な自衛隊のクーデター計画に近い「三矢研究」に、二・二六事件とそれを契機とする軍部の政治干渉を重ね合わせたであろう。

安保法制と自衛隊の先走り

このような松本と半藤の視点は、決して過去のものではない。自衛隊の「三矢研究」に始まる有事法制研究は、その後、一九七〇年代後半から着々と進み、官民による米軍支援や集団的自衛権の行使による日米共同軍事作戦を可能とする安保法制(二〇一五年)の制定にまでいたった。

その安保法制の関連法案が国会で審議されていた二〇一五年八月、松本が警鐘を鳴らしていた、「自衛隊の『作戦計画』は、国民が常から批判し、監視しなければ、いつ、どんな危険な暴走になるか分からない」ことを、まさに実感させる問題が明るみに出た。

衆議院の本会議で安倍晋三首相(当時)が初めて安保法制の関連法案の説明をおこない、国会での審議が始まろうとしていた二〇一五年五月二六日。自衛隊内部で統合幕僚監部主催の、陸・海・空自衛隊の高級指揮官向けテレビ会議(参加者約三五〇人)が開かれ、関連法案の八月中の成立と翌年二月の施行を前提に、日米共同の軍事作戦計画の策定、東シナ海・南シナ海での日米共同の情報収集・警戒監視・偵察、平時からの自衛隊による米軍の武器等（軍艦や航空機など）防護、ＰＫＯでの武器使用基準を緩和する「駆け付け警護」などが、早くも具体的に検討されていたのである。

これらのなかには、関連法案が成立・施行されて初めて実行できる活動もふくまれている。ところが、関連法案がまだ審議もされていない段階で、法案成立を当然視して、自衛隊の活動拡大を自明のものとして具体化しようとしていたのだ。

さらに法案にも書かれていない、戦闘での武器使用基準などを定める交戦規則（ＲＯＥ＝ルール・オブ・エンゲージメント）の策定までも検討対象とされていた。国会審議を無視し、憲法で国権の最高機関と定める国会の権威と文民統制の役割をないがしろにする自衛隊の先走り、暴走にほかならない。

こうした事実は、二〇一五年八月一一日の参議院「我が国及び国際社会の平和安全法制に関する特別委員会」での国会質問で、小池晃議員（共産党）が独自に入手した自衛隊統合幕僚監部の内部文書「『日米防衛協力のための指針』（ガイドライン）及び平和安全法制関連法案について」（全四九ページ）を暴露し、追及したことから明らかになった。この内部文書に上記の驚くべき内容が書かれていたのである。小池議員はこう強く批判した。

「法案が成立しなければ実施できない内容を、国会で議論もしないうちに日米合意し、発表したことになる。法案の成立を前提とした克明な自衛隊の〔南スーダンＰＫＯ派遣〕部隊の編成計画までふくめて出されている」

「重大な文書ですよ、これ。根幹問題です。それを〔防衛〕大臣が知らないということ自体が大問題だ。戦前の軍部の独走〔と同じ〕ですよ。こんなことは絶対に許されない」

これに対し中谷元防衛大臣（当時）は次のように答弁した。

「国会の審議が第一であり、法案が成立したあと検討を始めるべきものである。国会の審議中に法案の内容を先取りするようなことは控えなければならない」

この問題はマスメディアも大きく取り上げ、たとえば『東京新聞』（二〇一五年八月二〇日朝刊）の社説でも、こう批判された。

「法案の八月成立を前提に、自衛隊の活動範囲拡大まで検討するのは行き過ぎだ。実力組織の『暴走』が許されないのは、先の大戦の教訓ではないか」

「自衛隊は防衛力を有する実力組織である。活動範囲や内容の拡大には慎重を期すべきで、国権の最高機関たる国会のシビリアンコントロール（文民統制）に厳格に従わなければならない」

「中谷元・防衛相は資料は自らの指示の範囲内だと説明したが、具体的な内容までは把握していなかったようだ。統合幕僚監部が国会の議決より先走って自衛隊の活動拡大を検討していたとしたら、文民統制上の問題は大だ」

「軍部独走」の批判はまぬがれない

ところがその後、元陸上自衛官だった中谷防衛大臣は国会答弁で、「統合幕僚監部として当然に必要な分析、研究をおこなったもの」だと開きなおった（参議院「我が国及び国際社会の平和安全法制に関する特別委員会」二〇一五年八月一九日）。

安倍首相も、「法律ができたときに検討する項目が書いてあって、そして、その検討に向けて分析、研究することは至極当たり前のことではないかと思う」と容認する答弁をして、問題の幕引きを図った（同前 二〇一五年八月二一日）。

しかし、安保法制の関連法案の核心には、それまで違憲とされてきた集団的自衛権の行使容認が据えられていた。安倍政権は二〇一四年七月に一片の閣議決定で集団的自衛権の行使を容認する強引な解釈改憲をおこない、関連法案を組み立てた。国会審議でもこの問題は大きな争点となった。一五年六月の衆議院憲法審査会に参考人として出席した憲法学者たちは、集団的自衛権の行使を認める安保法制案は憲法違反と明言した。

このように法案自体の合憲性に強い疑いが寄せられ、国会審議の焦点になることがわかっているのに、早々と法案成立を見越して、国内唯一の武力を持つ実力組織の自衛隊が内々に具体的な「分析、研究」を進めていたのは、けっして見過ごせる問題ではない。

自衛隊統合幕僚監部の内部文書の暴露を受けて、憲法学者の有志が発した「統合幕僚監部内部文書に関わり国会の厳正なる対応を求める緊急声明」（二〇一五年八月二一日付）でも、次のようなきびしい指摘がなされている。

「今回明らかになった文書は、単に法案成立前に関係官庁が一般的な『分析・研究』を行なうことを越える重大な問題をもっている。そもそもこの文書を作成した統合幕僚監部は、自衛隊を統合運用する組織である。また本文書によると、今後はこの統幕が主管となって『日米共同計画』という軍事作戦計画を『計画策定』するものとされている。このような軍事作戦の策定・運用にあたる組織が、その合憲性に深刻な疑義のある法案について、その成立を何らの留保なしに予定して検討課題を示すことは、憲法政治上の重大な問題である」

そして「緊急声明」は、この内部文書が「法案成立を前提に自衛隊がとる運用施策を特定の対外政策に結びつけ、速やかに実現することを促す文書」であり、それは「議会制民主主義のプロセスよりも防衛実務の事情を優先した対応」で、「『軍部独走』という批判をまぬがれない」と非難した。

「三矢研究」をめぐって松本や半藤が抱いた軍事組織、自衛隊の暴走への懸念は、けっして取り越し苦労とはいえないのである。

権力集中と敵基地・敵国攻撃能力の保有

現在、岸田文雄政権は安倍政権の主張を受け継ぎ、憲法九条への自衛隊明記と緊急事態条項の新設を掲げ、改憲への動きを強めている。「安保三文書」（後述）を閣議決定し、自衛隊の敵基地・敵国攻撃能力の保有も決め、大軍拡を進めようとしている。

緊急事態条項は、大規模災害、戦争などの有事に際し、内閣に国会の承認なしに法律と等しい効力を持つ政令を制定できる権限を与えるものだ。国家緊急事態の名のもと権力が濫用され、人権が侵害される危険性をはらむ。「三矢研究」の非常事態措置諸法令のような国民統制につながりかねない。

半藤もこうした観点から、緊急事態条項を盛り込んだ自民党の「日本国憲法改正草案」（二〇一二年）をくりかえし批判していた。松本も緊急事態下での政府・自衛隊への権力集中の危険を訴えていた。

二〇二二年四月二六日、自民党の安全保障調査会と政務調査会は、敵基地攻撃能力を「反撃能力」と言いかえ、攻撃対象を敵国の「指揮統制機能等」へと拡大する、「新たな国家安全保障戦略等の策定に向けた提言」を出した。

「指揮統制機能等」というからには、敵国のミサイル基地だけでなく、軍司令部、さらには首相官邸や大統領官邸といった政府首脳が執務する政府機関など、国家中枢にまで攻撃をエスカレートさせ、全面戦争にいたるおそれが高い内容だ。都市部にある政府機関まで攻撃対象にすれば、一般市民をも戦火に巻き込んでしまうのは目に見えている。実質的には敵国攻撃能力の保有を意味し、専守防衛の原則を逸脱する。

半藤は「三矢研究」文書を目にしたときの驚きを、前述のように、「反撃作戦として、日本防衛に直接関係のある敵基地に『限定作戦』を想定するなど、〝自衛〟の限界すらも超えた研究だった」と表していた。いま、まさに「三矢研究」の亡霊がよみがえるかのように、「〝自衛〟の限界すらも超えた」攻撃作戦の構想が、「反撃能力」という名目で打ち出されているのである。

軍事費の倍増と軍事膨張への懸念

この「提言」は、「反撃能力」（敵基地・敵国攻撃能力）の保有に向けて、五年以内に防衛費（軍事費）を対GDP（国内総生産）比二パーセント以上も念頭に増額をめざすとした。

二〇二二年度の防衛費は当初予算で五兆四〇〇五億円（米軍再編関係費をふくむ）。それに二一年度補正予算の七七三八億円を加えると、計六兆一七四三億円となり、対GDPは一パーセント強である。したがってGDP比二パーセント以上といえば、当初予算だけでもほぼ一一兆円かそれを超える額へと倍増することになる。

ストックホルム国際研究所（SIPRI）の世界の軍事費に関する資料によると、二〇二一年の時点ですでに日本はアメリカ、中国、インド、イギリス、ロシア、フランス、ドイツ、サウジアラビアに次いで第九位の軍事費大国である。それがGDP比二パーセント以上に倍増すれば、アメリカ、中国に次ぐ世界第三位の軍事費超大国へと膨張してしまう。

この対GDP比二パーセント以上という数字は、もともとトランプ前政権時代にアメリカ政府がNATO（北大西洋条約機構）に対し、軍事同盟の加盟各国の負担増を求めた際に出てきたものだ。二〇二〇年には当時のエスパー米国防長官が、NATOだけでなく日本をふくむ同盟国に、同様の要請をおこなった。その方針はバイデン政権にも受け継がれている。

そして、岸田首相は二〇二二年五月二三日、来日中のバイデン大統領との日米首脳会談の共同声明で、「日本の防衛力を抜本的に強化し、その裏付けとなる防衛費の相当な増額を確保する」という軍事力強化の意向を明らかにした。

さらに岸田首相は、「ミサイルの脅威に対抗する能力を含め、国家の防衛に必要なあらゆる選択肢を検討する決意」を表明した。この「必要なあらゆる選択肢」に、「反撃能力」（敵基地・敵国攻撃能力）もふくまれることを、岸田首相は首脳会談後の共同記者会見で認めた。

これらを受けて、岸田政権は同年六月七日に閣議決定した「経済財政運営と改革の基本方針2022」（「骨太の方針」）で、「防衛力を五年以内に抜本的に強化する」方針を打ち出した。本文中で、NATO（北大西洋条約機構）諸国が国防予算を対GDP比二パーセント以上に増やす目標を掲げた点に言及していることから、「防衛力」の「抜本的強化」のために、日本政府も国防予算の対GDP比二パーセント以上をめざすことを示唆したものだ。

自民党もそれと軌を一にして、同年七月の参院選の公約に、「対GDP比目標（二パーセント以上）も念頭」にした防衛費の増額と、「反撃能力」の保有を掲げた。

そして、二〇二二年一二月一六日、岸田政権は安全保障政策の新たな指針とされる「安保三文書」（「国家安全保障戦略」「国家防衛戦略」「防衛力整備計画」）を閣議決定した。射程一〇〇〇キロから三〇〇〇キロに及ぶ長射程のミサイル、島嶼防衛用高速滑空弾、極超音速誘導弾の導入による、「反撃能力」＝敵基地・敵国攻撃能力の保有を柱とする大軍拡を進める内容だ。そのために二〇二三年度～二七年度の五年間の防衛費を計四三兆円程度（現行の計画の約一・五倍）に増額させるとした。

これは明らかに従来の専守防衛の原則を逸脱するものだ。他国に軍事的脅威を与える攻撃性の高い兵器の保有は、憲法九条にも反する。そのような戦後日本の安全保障政策を転換させる重大問題の方針を、岸田政権は国会での議論も抜きに拙速に決めたのである。

しかし、こうした防衛力すなわち軍事力の大幅な強化と防衛費（軍事費）の増大は、ロシアのウクライナ侵攻による不安の空気に乗じた性急な主張である。ロシアの侵攻はむろん不当きわまりない暴挙だが、軍事同盟NATOの東方拡大（旧東欧圏や旧ソ連圏への拡大）に対して反作用的に暴発した側面も無視できない。

アメリカの対中国封じ込め戦略と軍事費倍増の要求に従って、日米同盟という軍事同盟の強化と、専守防衛の枠を踏み越える大軍拡を進めたら、東アジアでの果てしない軍拡競争と対立の激化を招く。軍事力一辺倒ではかえって戦火を誘発しかねない。もしそうなったら、日本も甚大な戦禍をこうむることは言うまでもない。

戦前昭和の軍事力一辺倒、軍事膨張の先に何があったのかを、あらためて見つめなおすべきだろう。松本清張と半藤一利が残した昭和と戦争の歴史の教訓にもとづく警鐘に、いまこそ耳を傾けたい。

国会で「三矢研究」の爆弾質問

松本は「防衛官僚論」を発表した当時（一九六四年）、実質的な自衛隊のクーデター計画に近い「三矢研究」の問題が、みずからの暴露によって大きな反響を呼ぶにちがいないと考えていた。前出の講演録「小説と取材」で、こう語っている。

「雑誌が出たならさぞかし衝撃を与えるであろうと思っていたところ、反響一つない」

「私も作家としての力の限界をこの時ほど知ったことはなかったんですが、その翌年の国会で社会党の岡田春夫代議士がどこで手に入れたか分かりませんが、同じ材料で質問した。かくて佐藤首相を大いに狼狽させ大問題となった、いわゆる三矢作戦の爆弾質問騒ぎとなったのです」

「しかし私は、反応がないと思ったのは誤りで、あの文章が文春に載った時には、防衛庁内は大騒ぎだったということは後で聞いた」

記事への目に見える反響はなかった。だが、実は自衛隊をふくむ防衛庁（現防衛省）内に大きな波紋を呼んでいたのだ。松本の告発は火種となって、軍事組織の暴走への危機感を日本社会にひろげる、国会での問題追及につながった。

一九六五年二月一〇日、三月二日、三日、五月三一日と四度、衆議院予算委員会で「三矢研究」の質問に立った岡田春夫（一九一四―九一）は、六〇年の日米安保改定をめぐる国会での鋭い論陣で知られ、「国会爆弾男」の異名をとっていた。

岡田は、「三矢研究」の実体は第二次朝鮮戦争の日本波及を想定した、まさに「作戦計画」であり、自衛隊統合幕僚会議の将官・佐官が秘密裏に、「日本の政治、経済、産業、外交全般にわたる国家総動員体制の計画」をつくった不当な政治介入だと批判した（一九六五年二月一〇日、衆議院予算委員会）。

「政府の閣議で決定すべき国策要綱から、国内体制の戦時編成および国会に対する干渉事項が、具体的に計画されている。国会に対する干渉ですよ」

『国防中央機構等の整備に関する事項』、これは政治問題です。①戦争指導機構②民間防衛機構（郷土防衛隊）③国土防空機構④交通統制機構⑤運輸統制機構⑥通信統制機構⑦放送・報道統制機構⑧経済統制機構、このような国家機構がつくられることになっている」

「総動員法の体制としては、経済の統制、生活必要物資の規制、戦略物資の統制、物価統制、金融統制、輸送統制。全部できている。経済の動員。戦争動員です。軍用物件の収用および利用。軍用資材、医療機関、輸送機関、土地、建造物、その他となっている」

「生活必需品増産諸施策の実施。重要戦略物資の備蓄施策の実施」

これらは、松本の「防衛官僚論」での「三矢研究」批判の論点と重なる。

総動員体制をめざした自衛隊

岡田はたたみかけて追及した（同前）。

「『戦時諸法案と補正予算案の国会提出と成立』、これもできている。その法律は全部で八七件。国会の召集をおこなって、約二週間で成立をさせる」

「緊急なものは委員会の省略をおこなって、即座に本会議において上程可決させると書いてある。これは明らかに〔憲法にもとづく〕最高機関である国会法のじゅうりんですよ」

「軍政体制をこのようなかたちでつくっている。これは明らかな全体主義的な国家体制、総動員体制です」

佐藤栄作首相や小泉純也防衛庁長官らは答弁に追われた。予算委員会の場は騒然となった。佐藤首相は「どこまでも仮想の問題」の研究だとして、追及をかわそうとした。

しかし、「三矢研究」の「実施計画」の「目的」の項には、次のように明確かつ現実的な自衛隊の方針が書かれている。なお「三矢研究」からの引用は、『全文・三矢作戦研究』（林茂夫編　晩聲社　一九七九年）によるもので、以下同様である。

> 「非常事態に際するわが国防衛のための自衛隊の運用ならびにこれに関連する諸般の措置および手続きを統合の立場から研究し、もって次年度以降の統合および各自衛隊の年度防衛および警備の計画作成に資するとともに、米軍および国家施策に対する要請を明らかにして、防衛のための諸措置の具体化を推進する資料とする」

「仮想の問題」どころか、「防衛のための諸措置の具体化を推進する」ための、きわめて実践的な事実上の作戦計画といえる内容だ。

さらに「三矢研究」は、「韓国情勢の推移に伴う国策要綱（要旨）（昭和三X・七・二一・閣議決定）」という、国家総動員体制につながる「国策要綱」の閣議決定のひな型までも作文していた。

それは、「朝鮮半島における武力戦〔第二次朝鮮戦争〕の進展にかんがみ、共産陣営からの直接の侵略が遠からず我国に対しても生起することは、もはや免れ得ないものと判断」したうえで、「侵略に対処するための自衛隊の態勢をすみやかに整備する」とともに、「国民の防衛意識を高揚し、国内革命勢力を排除」し、「官民一体の防衛態勢を確立する」との方針を掲げている。

図上研究とはいえ、閣議決定という内閣の専権事項にもとづく「国策要綱」の内容まで想定してつくりあげるのは、文民統制を軽んじた制服組の行き過ぎにほかならない。

結局、これらの衝撃的な事実を前に、佐藤首相はこう認めざるをえなかった（一九六五年二月一〇日、衆議院予算委員会）。

「私は、ただいまのようなことは絶対に許せないことだ、かように考えます」
「私は、同じように国民のひとりとしてこれを非常に心配しておる。かような事態が政府が知らないうちに進行されている、これはゆゆしいことだと思います」

八七件もの戦時諸法案（非常事態措置諸法令案）を事実上、国会審議抜きで成立させようという「三矢研究」。「一般労務の徴用、業務従事の強制、防衛物資生産工場におけるストライキ制限、防衛徴集〔徴兵〕制度の確立（兵籍名簿の準備・機関の設置）、国民生活衣食住の統制、強制疎開、国防秘密の保護」など、人権を制約・侵害する法令プランがずらりと並ぶ。国民主権に則り、国会を国権の最高機関と定め、基本的人権を保障した憲法を踏みにじる内容だ。

これらは旧日本軍時代の戒厳令や徴発令、国家総動員法にもとづく国民徴用令などを参考にしていた。軍事優先の発想が色濃く表れている。半藤も前出の「あばかれた三矢研究」で、日本軍参謀だった自衛隊幹部が中心の「三矢研究」は、「軍の力学」が前面に出たものだと批判している。

岡田の爆弾質問を機に、「三矢研究」はマスコミでも大きく報じられた。自衛隊の文民統制からの逸脱、暴走を懸念する世論も沸いた。

ペンによる告発と国会での追及

「三矢研究」の極秘文書の入手先を岡田はむろん伏せていた。松本も「どこから手に入れたか分かりませんが」と述べている。しかし、実は松本自身が岡田に提供していたのである。それは、岡田の著書『国会爆弾男・オカッパル一代記』（行研出版局　一九八七年）で、松本の了解も得たうえで初めて明かされた。

同書によると、一九六四年六月、岡田のもとに、「かねて、いろいろの会合で会ったことのある」松本から突然、電話があった。「ぜひ、あなたにお会いしたい」が、「他人に見られるのは嫌なので、大変勝手」だが、訪ねてきてほしいという。

岡田が「何の用件か全く思いつかぬまま」、当時、東京都杉並区の高井戸にあった松本宅に足を運ぶと、しばしのよもやま話のあと、松本は奥の部屋から「大きな一束の資料」を持ち出し、「あなたなら、この資料を国会で使いこなしてくれるのではないですか」と言った。それが「三矢研究」文書だった。岡田はそれを初めて読んだときの衝撃を、こう述べている（同前）。

「家に持ち帰って資料に目を通すと、日本が戦争に突入した時の作戦計画はもとより、国内の戦時体制の確立から戦争開始の際の総理大臣のテレビ放送の原稿に至るまで実に微に入り細をうがつ内容で、戦慄を禁じ得なかった」

「私はその晩、大変なショックを受けて、眠ることも出来なかった。資料を読んでいるうちに『これは、ひょっとしたらでっちあげのにせものではないか』とも考えた。だが、その後いろいろ調べていくうちに、文書番号が出てきた。『統幕三第三十八―三十号』。文書番号とは、役所が文書を管理・保存しておくうえでのいわば背番号である。この文書番号と『極秘』の判があることによって、これは本物に間違いないと判断した」

安保問題に精通し、「国会爆弾男」と呼ばれる岡田の突破力に松本は期待して、この極秘文書を託したのであろう。もちろんみずからのペンでも告発するが、事があまりにも重大である以上、国会での追及と合わせた両面作戦が必要と判断したのではないか。それほどまでに、軍事組織の暴走に対する松本の憂慮は深かったと思われる。

なお、岡田が松本からあずかったのは「三矢研究」の全部ではなかった。

「以来数か月にわたり、欠けている部分を補うため、私の信頼するジャーナリスト関係の人の助けを得たりして、一応、全体の形をつかみ得たのは、その年の秋ごろのことであった。全部で五冊、千四百十九ページにのぼる膨大なものだった」(同前)

当時はコピー機がまだ普及しておらず、また文書をそのまま国会に提出すると入手経路が明らかになるおそれもあり、岡田が「手書きで書き写した」という。

有事法制と緊急事態条項と改憲

岡田の爆弾質問による追及は、佐藤政権を狼狽させた。しかし政権側は、野党による「三矢研究」原文の国会提出の要求を拒み続けた。いったんは「ゆゆしいことだ」と答弁した佐藤首相も、その後、一九六五年二月一五日の記者会見で、「首相自身が国防上の最高責任者として承知していれば問題はない。防衛当局としては（このような研究をするのは）国防上当然なことだ」と開きなおった（『朝日新聞』六五年二月一六日朝刊）。

そして防衛庁は、問題を文書の秘密保全の不備へとすりかえ、防衛事務次官、防衛局長、自衛隊統合幕僚会議と航空幕僚監部の一部の将官・佐官、計二六人に戒告、訓戒、注意など通り一遍の処分だけおこない、幕引きとした。「三矢研究」そのものは不問に付された。憲法の国民主権と人権尊重を否定する内容であったにもかかわらずだ。

国会での問題追及と世論の批判を受け、自衛隊独自の戦時体制研究すなわち有事法制研究は、ひとまず鳴りをひそめた。しかし、それは外面的なもので、防衛庁の文官から成る内局の法制調査官室のもとで続けられることになった。その土台となったのは「三矢研究」の非常事態措置諸法令に関する部分だった。

そして、一九九九年の周辺事態法（現重要影響事態法）、二〇〇三年の武力攻撃事態法（現事態対処法）、〇四年の国民保護法や特定公共施設利用法と米軍行動円滑化法、一五年の安保法制など一連の有事法制がつくられていった。

これらによって、自衛隊や米軍に対する地方自治体や民間企業などによる輸送、港湾・空港業務、整備、給水、医療、通信などの分野での協力体制（兵站《へいたん》支援）が築かれた。また、二〇一三年の特定秘密保護法で軍事機密の保全体制（情報隠蔽体制）も強化された。「三矢研究」の内容が部分的に実現したのである。

しかし、自治体や民間による協力は、罰則をともなう強制的なものではない。政府に労働者を強制動員する権限までは認められていない。それは国会での政府答弁でも明らかにされている。つまり「三矢研究」の「一般労務の徴用、業務従事の強制」というレベルにまでは達していないのである。

また、同研究での非常事態措置諸法令の大前提となる「国家非常事態宣言」を政府が発令し、「政府機関の臨戦化、内閣総理大臣の権限強化、国家総動員法施策実施のための機構整備」による社会全般の統制をおこなうことまでは、有事法制で定められていない。なぜなら日本国憲法には、国家緊急権を定めた緊急事態条項がないからだ。

国家緊急権とは、通説である憲法学者の芦部信喜の定義によると、「戦争・内乱・恐慌・大規模な自然災害など、平時の統治機構をもっては対処できない非常事態において、国家の存立を維持するために、国家権力が立憲的な憲法秩序〔人権の保障と三権分立〕を一時停止して非常措置をとる権限」である（『憲法・第四版』芦部信喜著　岩波書店　二〇〇七年）。「三矢研究」の「国家非常事態宣言」は、この憲法にない国家緊急権の行使を想定したものといえる。

そこで注目すべきなのが、政府与党として日本の政治の中心にある自民党の改憲案に、国家緊急権を可能とする緊急事態条項の新設が盛り込まれていることだ。たとえば二〇一二年の「日本国憲法改正草案」第九八条（緊急事態の宣言）で、こう書かれている。

「内閣総理大臣は、我が国に対する外部からの武力攻撃、内乱等による社会秩序の混乱、地震等による大規模な自然災害その他の法律で定める緊急事態において、特に必要があると認めるときは、法律の定めるところにより、閣議にかけて、緊急事態の宣言を発することができる」

そして第九九条（緊急事態の宣言の効果）で、内閣は「法律と同一の効力を有する政令を制定」でき、総理大臣は「財政上必要な支出その他の処分」と「地方自治体の長に対して必要な指示」ができるとしている。

国家に全権をゆだねてはいけない

半藤はこの緊急事態条項案を、「昭和日本のいちばん悪いところを復権させようとしている」と、次のようにきびしく批判していた（『憲法を百年いかす』半藤一利・保阪正康著　筑摩書房　二〇一七年）。

「かれらはいつもこれを声高に言うんです。外から攻撃があるぞ、大災害が起きるぞと。しかし、注目していただきたいのは、そのふたつの間に『内乱等による社会秩序の混乱』という文言が挿入されているということなんですよ。〝社会秩序の混乱〟というのもいろんな解釈が可能な言葉でしてね」

「まさしく国家総動員法、昭和十三年に成立し施行されたそれと同じ。憲法にこういうことを書き込むということは、とんでもないことなんです」

「三権分立なんかまったくなくなっちゃう。地方自治権もありません。内閣がすべて決めるのです。首相がほぼ全権を委任される」

国家総動員法は一九三八年（昭和一三年）、日中戦争のさなか当時の第一次近衛文麿内閣のもとで制定された。第一条で「国防目的達成の為、国の全力を最も有効に発揮せしむる様、人的及び物的資源を統制運用する」と目標を掲げ、第四条「政府は戦時に際し、国家総動員上必要あるときは、勅令の定むる所により帝国臣民を徴用して、総動員業務に従事せしむる」など、各条で勅令による労働力・資源・物資・金融・運輸・貿易・通信など社会全般にわたる統制・動員を可能とした。

勅令とは大日本帝国憲法にもとづく天皇の国務大権による命令で、法律とは異なり、帝国議会の協賛（承認）は不要だった。国家総動員法の場合、形式的には天皇の命令だが、実質的には内閣の判断で制定できた。

松本は自著『現代官僚論』（文藝春秋新社　一九六三年）で、勅令は「代々の政府に絶大な便利」を与え、「法律と同じ効力を有するのだから、議会に反対された法案でも勝手に勅令形式として出すことができた」と、その問題点を指摘している。

要するに国家総動員法とそれにもとづく勅令は、軍部主導そして軍部独裁の政府に全権を白紙委任する仕組みだった。半藤は自著『昭和史』でこう説いている。

「国民を好き放題に徴用できる、賃金を統制できる、物資の生産・配給・消費などを制限できる、会社の利益を制限できる、貿易を制限できる……つまり戦争のために国民はもっている権利をいざとなったら全面的に政府に譲り渡すというもの」

「総力戦を戦える国防国家をつくりあげるには、どうしても必要不可欠な法律でした」

「国家総動員法ができていよいよ、いろんな手続きを踏みつつ日本の軍国主義化は進んでゆきます」

半藤は自民党改憲草案の緊急事態条項による政令に、国家総動員法による勅令を重ね合わせて、人権を制約・侵害する危険性を見抜いたのだ。前出の「あばかれた三矢研究」では、非常事態＝緊急事態の立法措置の研究を、「太平洋戦争下のような国家総動員体制」をめざすものと批判していた。自民党改憲草案の緊急事態条項の背後に、「三矢研究」の黒い影を感じ取っていたかもしれない。

ナチスも悪用した緊急事態条項

さらに半藤は、過去にドイツでヒトラーひきいるナチスが、当時のワイマール憲法の緊急事態条項を悪用し、独裁体制を築いた事例を引いて、自民党改憲草案の緊急事態条項の新設の危うさを重ねて説いた。

「一九三二年（昭和七）七月の総選挙で第一党となったナチスのヒトラーは、さらに党勢を拡大しようと十一月にも総選挙をおこないます。結果は、かろうじて第一党を維持したものの、ここで議席を減らしてしまいます。このときナチスにかわって躍進したのがドイツ共産党でした」

——『憲法を百年いかす』

続く半藤の説明は、こうだ。ドイツ共産党の議席増に危機感を抱いたドイツの右派勢力は、共産勢力に対抗するためナチスを支援し、経済界もまたそれに呼応した。一九三三年一月、ヒトラーは首相に任命される。ヒトラーの悲願は独裁政治を可能とする「全権委任法」の成立だった。

だが、それには憲法改正を必要とするので、そう簡単にはいかない。ナチスは議会で第一党だったが、憲法改正に必要な議会全体の三分の二議席には届かない。そこで、ヒトラーは議会を解散して総選挙に打って出た。

総選挙投票日の六日前、一九三三年二月二七日、国会議事堂が何者かの手により放火され、焼け落ちた。ヒトラーは「即座にこの犯行を共産主義者によるテロだと断定」した。ヒトラーにとって「絶妙のタイミング」だった。そして、ヒトラーが考えたのが、緊急事態条項を利用することだった。

「間髪いれず翌日に閣議決定を経て、老体のヒンデンブルク大統領に強引に認めさせ発効されたのが『大統領緊急令』です。正確には『ドイツ民族に対する裏切りと反逆的陰謀を取り締まるための大統領緊急令』。つまりヒトラーは、ワイマール憲法にある『非常時には大統領が国民の基本権を無効にできる』という規定を巧みに利用した」（同前）

この「大統領緊急令」（「国民と国家を防衛するための大統領緊急令」）は、ワイマール憲法第四八条第二項の規定で、次のように定めていた（『ナチスの「手口」と緊急事態条項』長谷部恭男・石田勇治著　集英社新書　二〇一七年）。

「国家の安全を危険にさらす共産主義者による暴力行為からの防衛のため、次のことを命令する」

「人身の自由、出版の自由を含む意見表明の自由、集会・結社の自由、信書・郵便・電信及び電話の秘密の制限が許される。家宅捜索及び押収、私的財産の制限等も又、所定の法的制限を超えて許可される」

ヒトラーの独裁体制が築かれる

半藤は、この「大統領緊急令」により「憲法で保証されていた人びとの権利が一瞬にして奪い取られた」と述べる。「集会、新聞発行、表現の自由が制約」され、「官憲による通信の検閲」が始まり、令状なしの拘束・逮捕、家宅捜索なども可能となった。多くのドイツ共産党員や社会民主党員が逮捕された。共産党の機関誌の発行も禁止された。
そして三月五日の総選挙を迎えた。ナチスは第一党の地位を得たが、過半数には届かず、与党にあたるドイツ国家人民党の議席を加えても、議会全体の三分の二議席には達しなかった。しかし、共産党の議員が先の「大統領緊急令」により身柄を拘束され、議会に出席できなかったので、議会の総議席数は減る。半藤は『憲法を百年いかす』で、次のように指摘する。

「〔ヒトラーは〕ドイツ国家人民党を抱き込み、その他の中道政党の賛成も取りつけて、三分の二の票を確保した上で、ついに悲願の『全権委任法』を成立させた。つまりこの法律の成立は、『大統領緊急令』があればこそでした。そして全権委任法は、『政府のつくる法律は憲法に違反できる』という条文を含めてたったの五か条です。ヒトラーは、これ以降、いっさいの制約なしに何でもかんでもやれることになる」
「ワイマール憲法のなかの『大統領緊急令』という条文をヒトラーは最大限に利用した。しかも閣議決定で決めたんですよ、緊急事態と言ったって、国会が燃えただけなんですがね」

こうしてヒトラーの独裁体制は築かれていった。緊急事態条項を悪用して手に入れた全権委任法を武器に、ヒトラー・ナチスは暴威を振るってゆく。

なお、一九三三年の国会議事堂炎上事件は近年になって、ドイツの歴史学者の研究などにより、ナチスの自作自演すなわち謀略だったということが明らかになっている（『ナチスの「手口」と緊急事態条項』）。

ナチスの手口に学ぶ改憲のもくろみ

このようなナチスの独裁体制樹立の手法を、安倍政権はきっと意識したうえで緊急事態条項の新設をもくろんだにちがいないと、半藤は考えていた。それにはもちろん根拠があった。二〇一三年七月、麻生太郎副総理兼財務大臣（当時）の次のような発言である。

「『（憲法改正は）静かにやろうや、と。憲法はある日気づいたら、ワイマール憲法が変わって、ナチス憲法に変わっていたんですよ。だれも気づかないで変わった。あの手口に学んだらどうかね』」

――『憲法を百年生かす』

半藤はこの麻生発言について、問題の本質をこうえぐりだしている。

「『ナチス憲法』なんてありもしないものを口にしたものだから、新聞もテレビもマスコミは、かれの歴史の無知をからかっただけですましてしまった。じつはすでにこのころから安倍、麻生らの権力者グループは、つまり『安倍の参謀本部』は、いかに憲法を骨抜きにするか、策を練っていたのでしょう。その密議のなかで、ナチスのこうした水際立った手法が話題になっていたのだと思います」（同前）

そして、「いまの日本人に覚えておいてほしいのは、ナチスの『大統領緊急令』は、議会での議決なしに閣議決定だけによって発効された、という厳然たる事実です」と強調し、閣議決定を濫用する安倍政権の手法を批判したのだった。

「閣議決定というものは、本来、政府内の意思統一にすぎない。閣議決定ですべてを決めてしまうなどというような乱暴なやり方は、憲法上あり得ないことなんです。ところが安倍内閣は、いま平気でそれをやっている。集団的自衛権の行使を容認する憲法解釈の変更も閣議決定じゃないですか。歴代内閣が踏襲してきた憲法解釈を閣議決定だけでやってしまって、それに基づく安保法案を国会で無理やり通してしまいました」（同前）

「三矢研究」と自民党改憲草案

「三矢研究」はけっして過去の話ではない。有事法制の原型であり、自民党改憲草案の緊急事態条項にも、立憲的な憲法秩序の一時停止という国家緊急権の発想において通じるものがある。「昭和史の教訓」として、「国家に全権を白紙で任せるようなことをしてはいけない」と、半藤は強調していた（『ナショナリズムの正体』半藤一利・保阪正康著　文春文庫　二〇一七年）。

松本清張も一九七一年の講演録「世事と憲法」と、七二年の講演録「改憲の道は悲惨へ続く」で、時の政権に権力を集中させる国家緊急事態を想定した「三矢研究」の危険性を、次のように重ねて説いていた（『松本清張社会評論集』松本清張著　講談社文庫　一九七九年）。

「緊急事態が発生した時に、日本には戒厳令が――戒厳令とは書いてありませんが――日本はそれと同じ状態のもとにおかれる。かつての戒厳令は軍がこれを執行したんですけれども、『三矢作戦』では自衛隊がその戒厳令にあたるようなものを執行する。その指揮はだれがとるかというと国防会議の議長であるところの総理大臣なのです」

「その緊急事態であることをだれが判断するのか。形の上では、国家国防会議の議長である内閣総理大臣です。しかし、その、緊急事態であるということのインフォメーションは、おそらく、アメリカからの示唆、または指示によるものでしょう」

「そして、緊急事態なるものの判断なるものは、多く主観によるものなのです。その主観決定による緊急事態ですから、いちいち議会を開き、そして、国民に相談しているひまはありません。その意味では世にも恐ろしい〔三矢作戦〕計画であります。これは現在も形を変えながら生きていると思います」

松本がもし生きていたら歩をそろえて、自民党改憲草案の緊急事態条項を筆鋒鋭く批判したにちがいない。

第二章

昭和日本のいちばん悪いところの復権
緊急事態条項と自衛隊九条明記の改憲案

安倍政権の官邸主導と権力集中

「昭和日本のいちばん悪いところを復権させようとしている」

半藤一利は、自民党「日本国憲法改正草案」（二〇一二年）の緊急事態条項の新設がはらむ危険性を、そう指摘していた（『憲法を百年いかす』）。

国家緊急事態の名のもと、総理大臣と内閣に強大な権限を集中させるこの条項は、行政府への全権の白紙委任による三権分立の無化と人権の制約・侵害を招く。それは戦前・戦中昭和の軍部による独裁体制を思い起こさせる。半藤は次のように警鐘を鳴らしていた。

「ただ一人ないしそれをとりまくごく小グループへの極端な権力の集中は、独裁国家への門戸をひらくことになる。それは歴史がいくらでも証明してくれる。戦前・戦中日本の〔陸軍〕参謀本部作戦課そのものなのである」

——『ナショナリズムの正体』

「ごく小グループへの極端な権力の集中」の直近の例を当時、半藤は第二次安倍晋三政権（二〇一二年一二月〜二〇年八月）に見ていた。それは「官邸主導」の名のもと安倍首相、菅義偉官房長官、「官邸官僚」ともいわれるひと握りの側近官僚らが、ほしいままに権勢をふるう異様な長期政権だった。

従来の政府見解では違憲とされた集団的自衛権の行使も、一片の閣議決定で「合憲」とくつがえして容認した解釈改憲、表現の自由や集会・結社の自由を脅かす特定秘密保護法や共謀罪の強引な制定など、立憲主義をないがしろにするその驕慢《きょうまん》ぶりに、半藤は次のようにきびしい視線を向けていた（『ナショナリズムの正体』）。

「特定秘密保護法、集団的自衛権を行使できるようにする安全保障関連法、改正通信傍受法、共謀罪など国家の根幹にかかわる法案の、このところの無茶苦茶な採決は、いったいこれが主権在民の民主国家のやることなのであろうか」

「いまの政治権力がこれほどまでに驕《おご》り高ぶってまかり通っているのは、なぜ、なのか。議席の三分の二という圧倒的な数の力がこれほどモノをいうとは。まさに『民主主義の落日』といえる。数によって政治指導者に過大な権力を与えると、政治の多元性は失われ、権力にたいする抵抗や制限はあれよという間に弱まってしまう」

そして、第二次安倍政権下の状況に戦前・戦中昭和の言論・情報統制の歴史を重ね合わせて、こう憂慮している（『そして、メディアは日本を戦争に導いた』半藤一利・保阪正康著　文春文庫　二〇一六年）。

「情報の統制ということに関して言うと、通信傍受法とか個人情報保護法とか、言論の自由を縛るような法律が出てきています」

「さいわいなことに、言論弾圧というのはまだ起こってはいません。けれど、非常に気になる兆候はあるんです」

「共謀罪というのは、使いようによってはかなりの言論弾圧を可能にするんですね。こう見てくると、いまの日本は、何とはなしに昭和一桁《ひとけた》の時代と同じ流れをくみつつあるなと思わないでもないんですよ」

陸軍の参謀本部作戦課と無謀な作戦

半藤は第二次安倍政権による首相官邸への権力集中ぶりを、戦前・戦中昭和の軍部主導の歴史に照らし合わせて、こう表現している（『ナショナリズムの正体』）。

「戦前・戦中日本の参謀本部作戦課そのものなのである」

「最高権力者は身近な人間を寄せ集めた〝参謀本部〟をつくり、官邸主導の政治でナショナリズムを進めている」

参謀本部作戦課という陸軍の「ごく小グループ」に、軍事の「極端な権力の集中」がなされ、無謀な戦争におちいった昭和史をふまえての比喩だ。「歴史探偵」半藤ならではの視点といえる。

その参謀本部作戦課とは何か。半藤は自著『ノモンハンの夏』（文藝春秋　一九九八年）で、次のように説いている。

「参謀本部とは大元帥〈天皇〉のもつ統帥大権〔軍隊の最高指揮権〕を補佐する官衙《かんが》〔官庁〕である。主要任務は毎年の国防および用兵の計画を策定すること、参謀の職にある陸軍将校の統轄そして教育である」

「参謀本部第一部〈作戦〉の第二課〈作戦〉には、エリート中のエリートだけが集結した。第一部にはほかに第三課〈編制・動員〉、第四課〈国土防衛・警備〉があるが、花形はだれが何といおうと、作戦と戦争指導を掌握する第二課。そこが参謀本部の中心であり、日本陸軍の聖域なのである」

半藤によれば、この陸軍中枢部に位置する参謀本部作戦課が、「すべての根基となる作戦計画」を立案した。むろん作戦計画は極秘であり、その策定について外部からの「干渉は完璧なまでに排除」された。そして、作戦計画は「天皇の勅許をえて大元帥命令〈奉勅命令〉」すなわち天皇の命令として発令され、「作戦の指導も作戦課の秀才参謀たち」の手で進められた〈『ノモンハンの夏』〉。

その任務には「高度の機密を要求される」ことから、「作戦課の参謀はできるかぎり他部課との接触」をひかえた。そのため「唯我独尊的」と批判されることもあった。軍事情報の収集にあたる参謀本部第二部からの報告を無視して、「自分たちのえた情報だけで作戦計画をたてること」もしばしばあった。参謀たちは「いずれも陸軍大学校出の俊秀」であり、「日本陸軍には秀才信仰」が色濃かった〈同前〉。

このような参謀本部に集う参謀たちの強いエリート意識は、自信過剰をともない、えてして独善的な作戦の立案と指導につながった。そして、ガダルカナル、ニューギニア、レイテなど、アジア・太平洋戦争での無謀な作戦が強行され、兵士たちに戦死のみならず、戦病死、餓死、海没死など、おびただしい犠牲を強いる結果となった。

半藤も憤りのにじむ筆致で次のように記している（『愛国者の条件』半藤一利・戸高一成著　ダイヤモンド社　二〇〇六年）。

「日本軍の戦死者は、その約七割近くが餓死、または栄養失調にともなう病死という、まことに凄惨なむごたらしい最期を迎えています。もちろん、兵士の七割近くが餓死する戦争なんて、おかしいに決まっています。少なくとも第二次世界大戦当時、そんな戦いをしていたのは日本だけです」

「それでは、いったい何がおかしかったか。作戦です。参謀本部から下される作戦があまりに無計画・無責任で、愚かだったのです。補給もままならず、作戦によっては『食料は現地で調達せよ』などという、信じられないほど無責任な形で戦地に送り込んでいます」

小集団エリート主義の弊害

参謀本部作戦課という陸軍の「聖域」に座を占め、作戦の立案と指導に辣腕《らつわん》をふるった参謀たちによる弊害を、歴史学者で日本軍事史に詳しい藤原彰も自著『餓死《うえじに》した英霊たち』（青木書

店　二〇〇一年）で、こう指摘している。

「参謀本部においては、作戦部作戦課の一部中心参謀たちが強大な権力を持ち、他の部門のそれぞれの意見は無視されていた。対米英戦突入に当たり、作戦部はドイツの勝利を確信して開戦に踏み切ったのだが、情報部は必ずしもドイツ必勝を信じていなかった。ドイツの英本土上陸作戦はできないと英米課が判断したり、ソ連の崩壊はないとロシア課が結論を出していたのに、作戦課は情報専門家の判断を無視して、自分の都合のよいように、作戦課限りで勝手に情勢判断をしていたのである」

前掲書によると、日本がアメリカとイギリスに対する戦争に突き進もうとしていた、一九四一年（昭和一六年）七月の時点で、「陸軍の意志形成の中心」にいた参謀本部第一（作戦）部長は田中新一中将、同作戦課長は服部卓四郎大佐で、その下に作戦課戦力班長の辻政信中佐がいた。このトリオが「参謀本部を開戦論」にまとめていった。

「ためらう陸軍省を引きずり、海軍内の主戦論者と呼応して、ついに無謀な対米英戦争に突入したのである。つまり作戦課の幕僚層が、対米開戦を主張して、ためらう軍上層部も、政府首脳も、天皇をも引きずって、開戦を主導したのである」（『餓死した英霊たち』）

「対米英開戦で部内を、ひいては国論を引きずった田中、服部、辻のトリオは、ガダルカ

ナル戦でも作戦部長、作戦課長、作戦班長として、積極論を強硬に主張することで敗戦の責任者となった」（同前）

半藤は自著『昭和史』で、一九四五年（昭和二〇年）の敗戦にいたる「昭和史の二十年」が、「私たちに示してくれた」歴史の教訓を列挙しているが、そのなかで参謀本部作戦課にみられる「小集団エリート主義の弊害」をあげている。

「日本型のタコツボ社会における小集団主義の弊害があるかと思います。陸軍大学校優等卒の集まった参謀本部作戦課が絶対的な権力をもち、そのほかの部署でどんな貴重な情報を得てこようが、一切認めないのです。〔海軍〕軍令部でも作戦課がそうでした。つまり昭和史を引っ張ってきた中心である参謀本部と軍令部は、まさにその小集団エリート主義の弊害をそのままそっくり出したと思います」

かつて日本全体を戦争に引きずって破局にみちびいた、独善的な「小集団エリート主義の弊害」。その現代版を、まさに半藤は安倍首相と首相をとりまく「ごく小グループへの極端な権力の集中」形態としての「官邸主導」に見いだしたのであろう。

立憲主義をないがしろにするこの「官邸主導」の行政府に、もしも前述の緊急事態条項という超憲法的な国家緊急権を与えたら、どのようなことになるか――。

自民党改憲草案の緊急事態条項の危険性を、半藤は「昭和史の二十年」の歴史の教訓をふまえて見抜いたのにちがいない。「昭和日本のいちばん悪いところ」の「復権」という指摘は、そこから来ている。

緊急事態条項がもたらす危険性

その第二次安倍政権が二〇一八年に打ち出したのが、憲法九条への自衛隊明記、緊急事態条項の新設、参議院の合区解消、教育環境の充実を掲げた、自民党の「四項目改憲案」である。

前出の二〇一二年の自民党改憲草案（「日本国憲法改正草案」）が、天皇の国家元首化や自衛隊の国防軍化、表現の自由の制約につながる条文案など、復古主義・国家主義色の濃さから警戒され、いま国民投票にかけても賛成が得られそうにないこと、自衛隊を認める九条加憲論を唱える公明党への政治的配慮などから、四項目にしぼったと思われる。むろん全面的改憲への呼び水にしようという計算もあるだろう。

岸田文雄政権と自民党は「四項目改憲案」のなかでも、新型コロナ禍やロシアのウクライナ侵攻に便乗して、緊急事態条項の必要性を強調し、改憲気運を高めようとしている。二〇二一年の総選挙で議席を増やした日本維新の会も、さらには国民民主党も積極的に同調している。

その緊急事態条項の「条文イメージ（たたき台素案）」は次のとおりだ。

「第七三条の二　大地震その他の異常かつ大規模な災害により、国会による法律の制定を待ついとまがないと認める特別の事情があるときは、内閣は、法律で定めるところにより、国民の生命、身体及び財産を保護するため、政令を制定することができる。
②内閣は、前項の政令を制定したときは、法律で定めるところにより、速やかに国会の承認を求めなければならない」

この条文イメージの問題点を、緊急事態条項について詳しい憲法学者の清水雅彦（日本体育大学教授）は、こう述べる。

「二〇一二年の自民党改憲草案では、緊急事態に『外部からの武力攻撃、内乱等による社会秩序の混乱』もふくめていたのが、今回は自然災害に限定し、有事への適用を見送ったとの見方もあります。しかし、有事法制のなかの国民保護法では『武力攻撃により直接又は間接に生ずる人の死亡又は負傷、火事、爆発、放射性物質の放出その他の人的又は物的災害』を『武力攻撃災害』と定義しています。今回、『異常かつ大規模な災害』と記して、『自然災害』の『自然』を削っており、有事への適用も可能で、緊急事態宣言下、内閣の政令で国民の権利・自由が制限、侵害される危険性は変わっていません」

そもそも緊急事態条項を新たに憲法に設けなければならない理由がはっきりしない。大地震のような災害への対応には災害対策基本法が整備され、新型コロナのような感染症流行に対しても改正新型インフルエンザ等対策特措法がある。有事への対応では、国民統制の色合いが濃くて問題点も多いが、いちおう国民保護法などもある。

「すでにさまざまな事態に対応する現行法があり、それで不十分というなら、どこが問題か具体的に説明すべきなのに、されていません。不十分な点があるなら、国会で議論をして法改正をすればいいのです。多くの国でコロナ対応は法律でおこなっており、憲法の緊急事態条項を発動しているわけではありません」(清水)

戦前の歴史への反省がない改憲案

新型コロナ禍の場合は、全国の保健所の削減をうながした政府の失策などがまず問われるべきだ。緊急事態条項による泥縄式の政令などよりも、現行法にもとづく平時からのきめこまかな対策・政策こそが現実的である。

条文イメージに、「国会による法律の制定を待ついとまがないと認める特別の事情」とあるが、憲法には国会閉会中でも臨時国会の召集や、衆議院解散中でも参議院の緊急集会が規定されており、「特別の事情」など現実的には想定しがたい。「速やかに国会の承認」を求めるというが、あくまでも事後承認であり、期限もない。内閣の独断で政令を制定できる仕組みなのである。

「この条文イメージは、大規模な災害で選挙が実施できない場合に、国会議員の任期延長を可能にするために出てきたものでもあります。しかし、日本国憲法は衆議院と参議院の二院制を採用し、参議院には解散がなく半数改選なので、衆参の全国会議員の任期が切れるという事態は想定しがたいものです」(清水)

この緊急事態条項について大いに懸念されるのは、内閣の政令制定の権限が濫用され、人権が制約・侵害されることだ。

戦前の大日本帝国憲法は、国家が緊急事態において憲法秩序を一時停止し非常措置をとる国家緊急権、すなわち緊急事態条項を定めていた。天皇の名のもと発令される「緊急勅令、戒厳大権、非常大権」である。たとえば「緊急勅令」は、一九二八年（昭和三年）の田中義一内閣による治安維持法改正（最高刑を死刑に）のケースなどで濫用され、弾圧手段にも使われた。

「大日本帝国憲法には国家緊急権の規定があったのに、日本国憲法にないのは、緊急勅令が濫用されるなどした戦前の歴史への反省から、あえて定めなかったわけです。その代わりに臨時国会の召集、参議院の緊急集会という規定を設けてあるのです。自民党の改憲案にはこうした歴史への反省がみられません」と、清水は指摘する。

自衛隊明記の九条改憲と敵基地攻撃能力

戦前の歴史への反省がみられないという問題は、自民党「四項目改憲案」の憲法九条への自衛隊明記についてもいえる。現行の九条に付け加えるとされる条文イメージは次のとおりだ。

「第九条の二　前条の規定は、我が国の平和と独立を守り、国及び国民の安全を保つために必要な自衛の措置をとることを妨げず、そのための実力組織として、法律の定めるところにより、内閣の首長たる内閣総理大臣を最高の指揮監督者とする自衛隊を保持する。

②自衛隊の行動は、法律の定めるところにより、国会の承認その他の統制に服する」

この改憲案には、九条二項の戦力不保持と交戦権否定を空文化させ、歯止めを取り払い、事実上の戦力と交戦権を可能とする狙いがこめられている。

自衛隊はいまや二〇一五年の安保法制により、集団的自衛権を行使できる軍事組織に変貌した。海外で米軍などへの兵員や武器等の輸送、弾薬の提供、燃料等の補給、装備の修理、捜索救助活動、米軍艦や米軍機の防護など、幅広い軍事支援ができる。その過程で戦闘に巻き込まれるおそれも高い。集団的自衛権を行使する場合は、米軍とともに初めから戦闘までする事態となる。

憲法九条への自衛隊明記は、この集団的自衛権を行使するようになった現在の自衛隊にお墨付きを与えることを意味する。

さらに岸田政権は、安倍元首相が提唱した敵基地攻撃能力の保有論を受け継ぎ、軍拡を進めようとしている。岸信夫防衛相（当時）は二〇二一年一二月一七日の参議院予算委員会で、敵基地攻撃の具体的なオペレーション（作戦）について答弁した。

「一般論として、〔他国の領域において〕移動式のミサイル発射機の位置をリアルタイムに把握するとともに、地下に隠蔽されたミサイル基地の正確な位置を把握し、まず防空用のレーダーや対空ミサイルを攻撃して無力化し、相手国の領域、領空における制空権を一時的に確保したうえで、移動式ミサイル発射機や堅固な地下施設となっているミサイル基地を破壊してミサイル発射能力を無力化し、攻撃の効果を把握したうえでさらなる攻撃を行なうといった、一連のオペレーションを行なう必要がある」

岸防衛相は二〇二二年二月一六日の衆議院予算委員会分科会では、自衛隊機が他国の領域で軍事拠点を爆撃することも、自衛の範囲内だとして「排除しない」と述べた。

全面戦争にいたる軍拡の危険性

前述のように自民党の安全保障調査会と政務調査会は二〇二二年四月二六日、敵基地攻撃能力を「反撃能力」と言いかえ、攻撃対象を軍司令部や政府首脳が執務する政府機関など、国家中枢もふくむ「指揮統制機能等」へと拡大する提言を出した。

この点について、前出の岸田政権による「安保三文書」（二〇二二年一二月一六日閣議決定）の「国家安全保障戦略」では、「反撃」の対象を敵基地などとは限定せず、「相手の領域」というあいまいな幅広い表現を用いて、事実上「指揮統制機能等」も「反撃」という名の攻撃の対象にふくみ得るようになっている。さらに、「相手の領域」といえば、相手国の全土を対象とすることにまで拡大解釈も可能であり、まさに歯止めのない危うさが露呈している。

自民党安全保障調査会の小野寺五典会長は「相手側に明確に攻撃の意図があって、既に着手している状況」なら、相手のミサイル発射前でも攻撃可能との見解を表明した（『朝日新聞』二〇二二年五月三〇日朝刊）。

浜田靖一防衛相も記者会見で、「他国が我が国に対して武力攻撃に着手した時」には、こちらから攻撃することが可能であるという趣旨の見解を示している（『朝日新聞』二〇二二年一二月二一日朝刊）。

つまり「反撃能力」と都合よく言いかえているが、実態は日本が攻撃されていない段階でも、先制攻撃ができる軍事力を意味するものだ。実質的な敵国攻撃能力といえる。前出の「安保三文書」をめぐる自民党と公明党の与党協議でも、相手側の「着手」の段階でこちらから攻撃可能であり、その「着手」がなされたかどうかは総合的に判断するという、あいまいで恣意的《しいてき》な内容で合意された。まさに先制攻撃に道を開くものである。

しかも、日本が攻撃されていなくても、安保法制の「存立危機事態」（集団的自衛権の行使）の要件を満たせば、アメリカなど密接な関係にある他国への第三国からのミサイル発射準備など、「武力攻撃の着手」の時点で、敵基地攻撃は可能と解釈できる政府答弁書（立憲民主党の長妻昭衆院議員の質問主意書への）も、二〇二二年五月一七日に閣議決定されている。

この点は「安保三文書」の「国家安全保障戦略」でも、安保法制の「武力の行使の三要件の下で行われる自衛の措置にもそのまま当てはまる」として、認められている。つまり、日本が攻撃されていなくても、「武力の行使の三要件」にふくまれる「存立危機事態」で、アメリカなど密接な関係にある他国への第三国からのミサイル発射準備など、「武力攻撃の着手」の時点で、集団的自衛権を行使して攻撃可能となる。

このように集団的自衛権の行使として、米軍とともに第三国を先制攻撃することもあり得るのである。たとえその国が日本を攻撃しようとしていなくてもだ。その手段を長射程ミサイルなどの保有で日本は手に入れる。

しかし、先制攻撃はむろん国際法違反である。相手国は当然反撃してくる。そもそも移動式ミサイル発射機や堅固な地下施設のミサイル基地、さらには指揮統制機能の施設などを発見し、一気にすべて破壊することは不可能である。必然的に攻撃の応酬はエスカレートし、戦火は基地だけでなく、双方の国内で拡大し、民間人もふくめ多くの死傷者が出る。まさに全面戦争にいたる危険性が高い。

違憲の戦力保持そのもの

ミサイル発射機などの位置をつかむための早期警戒衛星、他国の領域に侵入して制空権を握り空爆できる航空戦力、他国の領域に届く長射程のミサイル戦力など、最新鋭の強力な兵器体系も必要となる。莫大な軍事費がかかり、とめどない軍拡競争に走ることになる。東アジアでの緊張・対立を煽り、武力衝突を誘発しかねない。

浜田靖一防衛相は二〇二三年二月六日の衆議院予算委員会で、集団的自衛権の行使として敵基地攻撃をおこなった場合、「事態の推移によっては他国からの武力攻撃が発生」し、「大規模な被害が生じる可能性」もあることを認めている。まさに日本がアメリカの戦争に加担した結果、戦禍が日本に及ぶことも前提にした戦略を立てているのである。

敵基地・敵国攻撃能力の保有は、従来の政府による専守防衛の自衛隊合憲論の見解、「自衛のための必要最小限度の実力」を大きく逸脱し、違憲の戦力保持そのものである。「安保三文書」は他国の人びとを殺傷する戦争の過ちをくりかえしかねない道に、日本を導く。かつて侵略や植民地支配をした中国・北朝鮮に対して、ミサイル攻撃ができる能力を持つ日本は、かの国の人びとの目にどのように映るだろうか。

これまで政府は国会答弁で、「誘導弾〔ミサイル〕等による攻撃を防御するのに、他に手段がないと認められる限り、誘導弾等の基地をたたくことは、法理的には自衛の範囲に含まれ、可能である」（一九五六年二月二九日、衆議院内閣委員会、船田中防衛庁長官）としながらも、「平生から他国を攻撃するような、攻撃的な脅威を与えるような兵器を持っていることは憲法の趣旨ではない」（一九五九年三月一九日、衆議院内閣委員会、伊能繁次郎防衛庁長官）として、敵基地攻撃能力は保有しない方針をとってきた。

ところが、その方針を骨抜きにするように、第二次安倍政権のときから自衛隊は敵基地攻撃能力を合わせ持つ兵器を、なしくずし的に手に入れつつある。ヘリコプター搭載護衛艦「いずも」「かが」を事実上の空母化する改修と、両艦に載せて遠征が可能なF35Bステルス戦闘機（短距離・垂直離着陸機）の導入。F35戦闘機やF15戦闘機に搭載する長距離巡航ミサイル（射程約五〇〇キロの空対艦ミサイル、射程約九〇〇キロの空対地ミサイル・空対艦ミサイル）も導入する。車両搭載発射式の地対艦ミサイルの射程も延長（二〇〇キロ弱を約一〇〇〇キロへ。中国本土に届くほどの大幅延長を計画）する。

もはや従来の専守防衛の自衛隊とはいえなくなっている。九条に新たに明記されて正当化されるのは、このように軍事的役割と軍事力を膨張させてゆく自衛隊なのである。

改憲で全面的な集団的自衛権の行使へ

それは、前出の自民党「四項目改憲案」の「条文イメージ」の「必要な自衛の措置をとること」という表現からもわかる。従来の政府による専守防衛の自衛権行使の三要件は、「①我が国に対する急迫不正の侵害があることと②これを排除するために他に適当な手段がないことと③必要最小限度の実力行使にとどまるべきこと」である。

ところが「条文イメージ」の「必要な自衛の措置」には、「最小限度」という言葉がついていない。「最小限度」という制約を踏み越え、「自衛の措置」がどこまでも拡大していくおそれが高い。憲法学者の清水も次のように懸念を表す。

「自民党憲法改正推進本部で配布された資料には、『自衛の措置（自衛権）』と書かれています。自民党が単に『自衛権』と言う場合は、集団的自衛権もふくまれます。それは自民党の『日本国憲法改正草案・Q&A』に、『自衛権には、国連憲章が認めている個別的自衛権と集団的自衛権が含まれていることは、言うまでもありません』とあることからもわかります。だから『必要な自衛の措置』では、限定のないフルスペックの集団的自衛権の行使が可能だと解釈できるのです」

二〇一五年に制定された安保法制では、フルスペックすなわち全面的な集団的自衛権の行使は認められず、いちおう限定的なものとされている。

「我が国と密接な関係にある他国に対する武力攻撃が発生し、これにより我が国の存立が脅かされ、国民の生命、自由及び幸福追求の権利が根底から覆される明白な危険がある」という「存立危機事態」において、「これを排除し、我が国の存立を全うし、国民を守るために他に適当な手段がないこと」、「必要最小限度の実力行使にとどまるべきこと」という要件を満たした場合にのみ、集団的自衛権が行使できることになっている。

もっとも、すべて抽象的な表現でしかない。「我が国と密接な関係にある他国」に対して、いったいどのような「武力攻撃が発生」したら、「国民の生命、自由及び幸福追求の権利が根底から覆される明白な危険」が生じるというのか。その因果関係ははっきりしない。そもそも、「明白な危険」の判断基準は何なのか。具体的に何が起きたら「明白な危険」なのか。どれもあいまいである。

結局、時の政権の考え方しだいで、どうにでも拡大解釈できる。日本政府の政治的体質とも化した対米追従の姿勢からして、結局はアメリカの戦略・政策に引きずられるのは目に見えている。アメリカの戦争に巻き込まれるリスクがあまりにも大きい。

政府の行為によってふたたび戦争の惨禍が

このように限定的とされる集団的自衛権の行使の判断についてさえも、対米追従の可能性が高い。それが、憲法九条に「必要な自衛の措置」をとる自衛隊が明記され、全面的な集団的自衛権の行使が可能になったら、アフガン戦争やイラク戦争のような米軍主導の有志国連合軍（多国籍軍）に、アメリカの要請を受けて、自衛隊も集団的自衛権の行使の名のもと海外派兵して加わることになりかねない。

そうなれば戦死傷する自衛隊員も出るが、自衛隊員が他国の兵員や民間人を殺傷することにもなる。日本が、日本人がふたたび戦争の加害者や被害者になる歴史のあやまちをくりかえすことになってしまう。

半藤も、二〇一七年五月三日（憲法記念日）に安倍首相（当時）が、改憲派の「民間憲法臨調」と「美しい日本の憲法をつくる国民の会」共催の集会で、憲法九条に自衛隊の存在を明記して付け加える改憲案を表明したことに対し、強い懸念を示していた。

「自衛隊の存在を憲法で認定することは、集団的自衛権も個別的自衛権も安保関連法も自衛隊といっしょにくっついていっちゃうんです」

——『憲法を百年いかす』

そして、集団的自衛権の行使によって、日本が「アメリカの国益」のための戦争に引き込まれ、利用される危険性と、安倍首相（当時）の言う集団的自衛権による抑止力は、かえって戦争の「リスクを増大させる」点を、こう訴えていた（『ナショナリズムの正体』）。

「集団的自衛権なんて、『自衛』という言葉が入るから皆が錯覚していますが、あれは自衛でもなんでもありません。〔哲学者の〕内田樹《たつる》さんの言葉を借りれば、集団的自衛権とは『他人のケンカを買って出る権利』なんですよ」

「他人とは誰かと言えば、もちろんアメリカのことです。アメリカの国益のために、日本人がケンカを買って出て、人を殺したり殺されたりする必要はまったくない。それこそ、戦後七〇年近くで築いてきた国際的信頼という最大の国益を失うわけです」

憲法九条への自衛隊明記――。それは日本をふたたび「戦争のできる国」へと変えてしまう歴史の転回点になる。戦前昭和の軍事力膨張の先に何があったのか、史的検証を重ねてきた半藤の危機感が伝わってくる。

敵基地攻撃や敵国「指揮統制機能等」攻撃とは、憲法九条が禁じた武力の行使、戦争にほかならない。その能力を保有することは、戦前の歴史への反省から「政府の行為によって再び戦争の惨禍」を起こさないと決意した憲法前文に背き、ふたたび戦争の惨禍を招きかねない。

首相の判断ひとつで自衛隊を動かす意図

憲法学者の清水は、「憲法九条への自衛隊明記も緊急事態条項の新設と同じように、首相に情報と権限を集中させて、政府の暴走につながる危険性がある」と指摘する。

「現行の自衛隊法第七条は、『内閣総理大臣は、内閣を代表して自衛隊の最高の指揮監督権を有する』としています。この規定は憲法第七二条『内閣総理大臣は、内閣を代表して議案を国会に提出し、一般国務及び外交関係について国会に報告し、並びに行政各部を指揮監督する』に合わせたものです。内閣総理大臣には、閣議決定にしたがった職務遂行が求められています」

しかし、自民党「四項目改憲案」の条文イメージは、「内閣の首長たる内閣総理大臣を最高の指揮監督者とする自衛隊を保持する」となっている。

「これには、二〇一二年の自民党改憲草案の第九条の二『内閣総理大臣を最高の指揮官とする国防軍を保持する』と同じように、首相の権限を強化し、閣議決定も不要として、首相の判断ひとつで自衛隊を動かす意図も感じられます」

この憲法九条への自衛隊明記と緊急事態条項は、いずれも総理大臣と内閣への権限集中を可能とする。それは半藤が懸念していた、「ごく小グループへの極端な権力の集中」と、その結果生じる「小集団エリート主義の弊害」という「昭和日本のいちばん悪いところ」の再現につながるだろう。

また、条文イメージの「九条の二の② 自衛隊の行動は、法律の定めるところにより、国会の承認その他の統制に服する」は、非常に「巧妙な書き方」をしていると、清水は注意をうながす。

「これは一見、国会による統制規定のようにみえます。しかし、国会の事前承認に限定されているわけではありません。この書き方だと事後承認でもいいわけで、歯止めにはなりません。また『その他の統制』も具体的には何か定かではなく、国会以外の行政機関による統制でもよしとされてしまいます。別に法律で自由に決めることができ、自衛隊に対する強固な文民統制は期待できません」

さらに、憲法九条への自衛隊明記が日本社会に「軍事公共性」という考え方を浸透させていくおそれもあると、清水は指摘する。

「自衛隊を憲法に書き加えれば、自衛隊は憲法に明記されていない防衛省より格が上がり、憲法に明記された天皇や国会・内閣・裁判所などと同等の地位に位置づけられます。憲法九条のもと否定されてきた『軍事公共性』が政府によって唱えられるおそれがあります。具体的には、自衛隊機の夜間離発着や大学と防衛産業との軍事研究、自衛隊基地のための土地の強制収用、武力攻撃事態法における民間の運輸・電気・ガス・テレビ・ラジオ会社などの指定公共機関に対する動員規定、自衛隊法における医療・土木建築工事・輸送業の者に対する動員規定などについて、政府は自衛隊の『公共性』を理由に正当化していくことになるでしょう」

軍事がふたたび政治の上に行くおそれ

「軍事公共性」という考え方が社会に浸透していくと、それはさらに肥大して、行きつく先は軍事優先がまかりとおる世の中になってしまうのではないか。

軍事優先といえば、戦前・戦中の日本がまさにそうだった。半藤いわく「昭和史を〈戦争に向かって〉引っ張ってきた中心である参謀本部と軍令部」、あの「小集団エリート主義の弊害」をもたらし、日本を破局にみちびいた独善的な軍事組織のありようが、軍事優先を象徴している。

半藤は、軍事優先がいかに災いを招くか、二〇一二年の自民党改憲草案にある「国防軍」創設（自衛隊の国防軍化）の条項をめぐって、次のように述べていた。

「日本国憲法においては、実力組織は完全に憲法の下にあります。自衛隊は刑法と民法のもとにあって勝手なことはできません。つまり軍隊の独断専行をいまの自衛隊は行使できない。何度でも言いますが、それを国防軍にするというのはたいへんなことなんです。軍事がふたたび政治の上に行ってしまいかねない」

——『憲法を百年いかす』

軍事優先では、「軍事がふたたび政治の上に行って」しまうおそれがある。「軍事が政治の上に行く」とは、軍事組織に対する政治による統制、すなわち文民統制（シビリアン・コントロール）が機能しなくなることを意味する。文民統制の難しさを半藤は、こう説いている。

「やたらと懐かしがられる明治時代も、じつは軍事と政治の調和を日本人はなし得なかった。統御がうまくできなかった。軍事というのは非常に難しい扱いづらいものでした。この先また統帥権を独立させるのか、しないのか。シビリアンコントロールがうまくできるのか。自民党の憲法改正草案によれば、内閣総理大臣を国防軍の最高司令官とする、とありましたがね。忙しくて不勉強の総理が軍隊を指揮できるんですかね」（同前）

ここで「統帥権を独立」という言葉が出てきた。まさに軍事が「政治の上に行き」、文民統制などまったく論外で、日本を戦争へと引きずっていった戦前昭和の歴史に、まがまがしくも刻印されたキーワードと言ってもいい。

松本清張は自著『現代官僚論』で、統帥権とは「軍隊の最高指揮権」であり、戦前、軍部を「強大ならしめ」て、「独走」させた一種の「法的な利器・宝刀」であったとし、こう述べている。

「軍部が横車を押してきたのは、なにも五・一五や二・二六事件にみるような暴力行為だけではなく、そこに法的な利器が与えられていたからである。統帥権とは軍隊の最高指揮権を意味する。元首〔天皇〕の掌握する統帥権は内閣の管轄とは別個に独立するもので、日本では明治十一年に山県〔有朋〕がドイツのそれを真似て作ったものだ」

「軍部はひたすらこの宝刀を振り回して驀進《ばくしん》して来たものだ。内閣が抑えようとしてもこれがあるために出来ず、議会もまた軍部の独走を引き止めることが出来なかった」

統帥権とは具体的には、軍隊の作戦・用兵を計画、決定し、運用する最高指揮権である。戦前の大日本帝国憲法第一一条は、「天皇は陸海軍を統帥す」と、天皇の最高指揮権を定めていた。

この統帥権に関して天皇を補佐し、委任されるかたちで運用する実務を担ったのが、陸軍参謀本部と海軍軍令部であった。どちらも「内閣の管轄とは別個に独立」した天皇直属の軍事組織だった。こと軍隊の作戦・用兵に関しては内閣も議会も口出しできなかったのである。

松本は、統帥権によって軍隊が「天皇に直属」し、「政府行政機関の及ばない聖域」となった結果、「政府と議会のほかにもう一つ、『軍部による独裁政権』ができて」しまい、「歴代の内閣を苦しめ、果ては軍部の独走となって破滅戦争へと日本を追いやる」と、重ねて統帥権の弊害を指摘している（『史観宰相論』松本清張著　文藝春秋　一九八〇年）。

統帥権の独立と参謀本部の創設

「統帥権の独立」は一八七八年（明治一一年）に、参謀本部条例が制定され、参謀本部が創設されたことに始まる。その推進者は長州藩出身の明治維新の元勲で、みずから参謀本部長（後の参謀総長）となり、後年、首相もつとめた山県有朋だった。

「統帥権の独立」についても史的探究を重ねた半藤の著書『あの戦争と日本人』（文藝春秋　二〇一一年）によると、一八七七年の西南戦争で政府軍の総参謀長だった山県は、西郷軍に対し「初動の動員の遅れで熊本籠城の苦戦を強いられたことなど、非常に苦労した経験」から、軍隊の指揮権は、「いちいち政府の許可を求めなくても動かせるように、もっと簡単なものにしたほうがいい」と考えた。そこで、陸軍省の一部局だった参謀局を廃止のうえ、陸軍省から切り離して、天皇直属となる参謀本部を創設した。

参謀本部条例の第五条では、作戦・用兵の命令事項である「軍令事項」については、参謀本部長が「親裁」（天皇の裁決）を得たのち、それを「陸軍卿（陸軍大臣）に下して施行せしむ」と定められた。

つまり「天皇のＯＫを得て、天皇がこれをしろと参謀本部長に命じたことについては、参謀本部長が陸軍大臣に伝えて実行させる」という仕組みだった（『あの戦争と日本人』）。

「これをつきつめていくと、陸軍大臣（陸軍卿）を閣員の一人とする太政《だじょう》大臣、つまり総理大臣でさえも、軍令に関する限りは、天皇命令が出た場合の参謀本部長命令には従う、ということになる。と解釈を拡大できるわけなんですね。結局、参謀本部長は内閣の上に立つという見方だってできる」（同前）

そして戦時には、「参謀本部長が全軍を統率して作戦を実施すること」を参謀本部条例の第六条で定め、「戦争が起こったときの参謀本部長の権限はものすごく大きなもの」となった（同前）。

「この結果、内政と外交は内閣、特に総理大臣及びその閣僚たちが天皇を輔弼《ほひつ》（補佐）して責任を負うのですが、軍事に関する限りは、天皇に直属する参謀本部長がこれを司る、という国家の形が決まるんです」（同前）

このような国家体制では、軍隊に対する文民統制などまったく不可能なことだった。

軍事優先国家の道を選んだ戦前日本

参謀本部長にはさらに「帷幄上奏権《いあくじょうそうけん》」が認められた。帷幄とは幕のことで、古く武将の本陣を幕で囲ったことに由来し、総指揮官のいる本営・作戦本部を意味する言葉である。半藤は「天皇の作戦総本部」と表現している。上奏とは天皇に意見や事情をくわしく申し上げることだ。

したがって「帷幄上奏権」とは、天皇を補佐して作戦・用兵をつかさどる参謀本部長（後に陸軍参謀総長と海軍軍令部総長）が、陸軍大臣や海軍大臣や総理大臣の許可など必要なく、直接、単独で天皇に会って上奏できる権限を指す。上奏のうえ親裁を仰いで、作戦・用兵に関する軍令事項の裁決を得られる。そこに総理大臣は口をさしはさめない。ただ陸軍大臣や海軍大臣を通じて事後報告を受けるだけである。

「首相は、参謀本部長の上奏をとめたり、上奏された軍令事項の説明を求めたりすることは不可能なのである。ましてや参謀本部長が下した命令を停止したり、みずからが軍令事項での親裁を仰ぐことなどは、絶対にできないこととなった」

——『山県有朋』半藤一利著　ＰＨＰ研究所　一九九〇年

「帷幄上奏権」は一八八五年（明治一八年）に、それまでの太政官制度を内閣制度に改める際の「内閣職権を定むるの件」によって制定されたものだ。これも半藤によれば、山県有朋が「統帥権の独立」のために「巧妙に織り込んだ手だて」であった（同前）。

「統帥権の独立」を決めた参謀本部条例は一八七八年（明治一一年）、「帷幄上奏権」を定めた「内閣職権を定むるの件」は一八八五年（明治一八年）に制定された。明治憲法と呼ばれた大日本帝国憲法の制定は、一八八九年（明治二二年）である。

このように「統帥権の独立」という既成事実が、憲法以前に早くも成立しており、それが戦前昭和まで続いていったのである。こうした経緯を半藤は、次のようにまとめている。

「すなわち、国家の骨幹たる憲法ができたときには、軍隊は政府とは別のもう堂々たる独立機関でありました。わが近代日本のスタートから、いちばん根幹にそれがあったわけです」

――『あの戦争と日本人』

「〔憲法という〕国の基本骨格のできる前に、日本は軍事優先国家の道を選択していたのです」

――『幕末史』半藤一利著　新潮社　二〇〇八年

この「軍事優先」の選択が、参謀本部に「統帥権の独立」という「法的な利器・宝刀」を与え、参謀本部作戦課という「小グループへの極端な権力の集中」を生んだ。それは「小集団エリート主義の弊害」を引き起こし、日本を戦争へと引きずって破局にみちびいたといえる。

自衛隊トップの改憲案支持の発言

前述のように半藤は、二〇一二年の自民党の憲法改正草案の「国防軍」創設をめぐって、「この先また統帥権を独立させるのか、しないのか。シビリアンコントロールがうまくできるのか」と危惧していた。それは、「統帥権の独立」により「軍事優先国家の道を選択」した、戦前日本の負の歴史をふまえてのことだったにちがいない。

そして、この半藤の危惧はけっして的はずれではない。第一章（P15～16）で述べたように、二〇一五年の安保法制の関連法案が国会でまだ審議もされていない段階で、自衛隊内部では法案成立を当然視して、自衛隊の活動拡大を検討するテレビ会議を開いていた。そのなかには法案が成立・施行されて初めて可能な活動もふくまれていた。

それは、憲法で国権の最高機関と定める国会の権威と文民統制の役割をないがしろにする自衛隊の先走り、暴走との批判を浴びた。だが、同じように文民統制のありようを危惧させる事例がたびたび起きているのが実態である。

たとえば、陸海空自衛隊の一体的な統合運用を担う統合幕僚監部の河野克俊統合幕僚長（当時）が、憲法九条への自衛隊明記の改憲案支持を公言した問題がある。

二〇一七年五月二三日、河野統合幕僚長（以下、統幕長）は東京の日本外国特派員協会での記者会見で、同年五月三日に安倍首相が憲法九条への自衛隊明記の改憲案を表明したことについて問われ、「一自衛官として申し上げるなら、自衛隊の根拠規定が憲法に明記されることになれば非常にありがたいと思う」と答えた。「憲法は高度な政治問題なので、統幕長の立場で申し上げるのは適当ではない」と、ことわったうえでの発言だったが、自衛隊法は第六一条で隊員の政治的な目的による行為を制限し、同法施行例では政治的目的の例として「政治の方向に影響を与える意図で特定の政策を主張し、またはこれに反対すること」などをあげている（『毎日新聞』二〇一七年五月二四日朝刊）。

この発言は、「統幕長の立場」ではなく「一自衛官として」と、予防線を張ったうえでなされている。しかし、統幕長の肩書で記者会見に臨んでいる以上、自衛隊トップの発言として報じられるのはわかりきったことだ。そもそも単なる「一自衛官」に対し、外国特派員協会が記者会見の場を設けるはずがない。

結果的に、安倍首相が表明したばかりの憲法九条への自衛隊明記の改憲案に、自衛隊トップがさっそく歓迎の意を表したという事実が注目を浴び、ニュースに乗って伝わってゆく。外国特派員協会での記者会見なので、それは国際的なニュースともなる。改憲という政治問題をめぐる自衛隊トップの発言は、やはり一定の政治的効果をともなわずにはおかない。政治的な意図をふくむ発言と受け取られるのも当然であろう。

自衛隊と文民統制の問題に詳しい政治学者の纐纈厚《こうけつあつし》は自著で、この河野発言を次のようにきびしく批判している。

「政治には厳正中立であるべき実力組織のトップが、国民的議論が大きく分かれる憲法改正という政治問題に、明らかに偏在した見解を述べることは、国家公務員の憲法順守義務（憲法第九九条）の観点から、また政治的偏向を禁じている自衛隊法の第六一条（政治的行為の制限）からも大きく逸脱したものだ」

――『崩れゆく文民統制』緑風出版　二〇一九年

文民統制が機能不全におちいる

ところが、菅官房長官（当時）は同年五月二四日の記者会見で、河野発言について「あくまで個人の見解の形で述べた。全く問題がない」と問題視しない考えを示した（『毎日新聞』二〇一七年五月二五日朝刊）。

国会では野党が河野発言を問題視して、「罷免すべきだ」などの批判をしたのに対し、稲田朋美防衛相（当時）は、同年五月二五日の参議院外交防衛委員会で、「個人の感想を述べた。憲法順守義務との関係では問題ない」と擁護した。同日、防衛省は河野統幕長（当時六二歳）の定年を一年間延長すると発表。前年一一月からの六ヵ月間の定年延長に次ぐ二度目の延長で、前例のない処遇だった。河野統幕長もその日の記者会見で、「発言に全く政治的意図はない」と説明した（『毎日新聞』二〇一七年五月二六日朝刊）。

河野統幕長の発言が「一自衛官として」の「個人の見解・感想」で済む問題でないことは、すでに述べたが、さらに深刻な問題は、文民統制に服すべき軍事組織のトップによる政治的発言を、文民統制を担うべき政府閣僚が「個人の見解・感想」と不問に付して、定年延長まで認めるという甘い姿勢である。文民統制が機能不全におちいっているとしか言いようがない。

もっとも、首相みずから改憲の旗振り役をつとめ、集団的自衛権の行使を従来の政府の違憲見解をくつがえしてまで容認し、安保法制の制定を強行するなど、自衛隊の活動拡大を積極的に推し進めてきた安倍政権ならではの政治姿勢からすれば、その甘い姿勢も軍拡の既定路線にそった対応の一環なのかもしれない。

なにせ河野統幕長は二〇一四年一〇月に海上幕僚長から統幕長に昇任してから、一九年三月に退任・退職するまで、歴代最長の四年五ヵ月もの長きにわたり統幕長の座にあった。しかも異例の定年延長三回の厚遇を受け、安倍首相からの信頼が厚いことで知られた。安倍首相ともくりかえし会って、話をしていた。問題の発言の裏には、タカ派政治家とそのお気に入りの自衛隊トップの密接な関係、一種のなれあい的な土壌もあったのではないか。

二〇一五年の安保法制の法案成立前に、自衛隊内部で活動拡大を検討した前出のテレビ会議を主催した統合幕僚監部の長は、河野統幕長その人だった。自衛隊の暴走と非難されたこの行為も、安倍首相は「至極当たり前のことではないかと思う」と容認していた。これも政権側の甘い姿勢の表れである。

国会議員に暴言を吐いた幹部自衛官

このような安倍政権下で、さらに自衛隊への文民統制を危惧させる不祥事が起きた。二〇一八年四月一六日の、小西洋之参院議員（当時、民進党）に対する幹部自衛官の暴言事件である。

みよう。

同年四月一八日～二〇日の『東京新聞』と『毎日新聞』の一連の記事によって経過をたどって

四月一六日の夜、統合幕僚監部指揮通信システム部の三十代の男性三等空佐（以下、三佐）が、帰宅後に国会周辺をランニング中、参院議員会館近くの路上で小西議員と遭遇した。小西議員によれば、三佐は「小西だな」と声をかけ、現職自衛官だとみずから明かし、およそ一五分間、「おまえは国民の敵だ」「おまえの議員活動は気持ち悪い」などと罵《ののし》ったという。警備中の複数の警官が駆けつけたあとも同様の発言をくりかえし、小西議員が「〔自衛隊の〕服務規定に反し、処分の対象になる」と撤回を求めたが、応じないため、防衛省の人事担当者に電話で連絡したところ、三佐は最終的に発言を撤回した。

小西議員は四月一七日の参議院外交防衛委員会で、三佐の暴言は「自衛隊員として許されない」と防衛省に調査を求め、小野寺五典防衛相（当時）は「適正に対応する」と答えた。河野統幕長は同日、議員会館に小西議員を訪ねて謝罪した。

小西議員は当時、国会で連日、イラク派遣日報問題を追及していた。これは二〇一七年に起きた南スーダンPKO派遣部隊の日報隠蔽に続き、陸上自衛隊イラク派遣部隊の日報も隠蔽され、文民統制がないがしろにされた問題である。なお防衛省はかたくなに組織的隠蔽を否定した。

小西議員は東京新聞の取材に、「自衛官が国会議員に暴言を吐くとは空前絶後の大事件で身の毛がよだつ。河野統幕長は即刻辞任すべきだ」と話した。

四月一九日、小野寺防衛相は参議院外交防衛委員会で、「小西議員に大変不快な思いをさせた。あらためておわびしたい」と謝罪。「あってはならないことで、事実関係を調査し厳正に対処したい。発言を擁護するつもりはない」と述べた。

小野寺防衛相は四月一七日の段階では、「(三佐は)若い隊員で国民の一人でもあるので、当然思うことはあるだろう」と擁護するような発言をしていた。しかし、野党からの批判を受け、一九日の参議院外交防衛委員会では、「内心の自由は認められているが、言動には気をつけないといけない。不適切な発言は認められないと考えている」などと釈明した。

同委員会に先立つ野党合同会合で小西議員は、戦前の海軍や陸軍の青年将校らが首相など政府要人を襲撃した五・一五事件や二・二六事件を引き合いに、「国会議員に『国民の敵だ』と言ってはならない。日本の文民統制、民主主義に関する問題だ」と批判した。

河野統幕長は四月一九日の記者会見で、「いかなる理由があろうとも国会議員に暴言を吐くことは許されない」と言明した。自衛隊法第五八条の「隊員は常に品位を重んじ、隊員としての信用を傷つけ、自衛隊の威信を損する行為をしてはならない」をふまえ、処分について「調査し、できるだけ早く出したい」と述べた。

ただ、「暴言と受けとめられる発言があったのは事実だが、両方の言い分がある。慎重に調べている」とし、食い違いの可能性を示唆した。暴言が五・一五事件や二・二六事件を想起させるとの批判については、「厳粛に受けとめなくてはいけない。戦前とちがい、こういう事態は自衛隊、組織として絶対に許さない」と釈明した。

文民統制の重さを防衛省は理解しているか

この幹部自衛官の暴言事件について、半藤は軍部が暴走した昭和史と照らし合わせて、次のようなきびしいコメントを新聞に寄せている。前述の半藤の危惧はやはり的中したといえる。

「何を考えているのか。一九三八年に衆院で国家総動員法案の審議中、説明員の佐藤賢了《けんりょう》・陸軍中佐（当時）が、議員に『黙れ』と一喝した件があったが、当時を思わせる。国会議員は曲がりなりにも国民が選んだ選良で、それを敵だと言うのは選んだ国民を『敵だ』と言うのと同じこと。イラク派遣部隊の日報の問題を見ても、あるものをないと言ったり、首相や防衛相ら自衛隊を統制する側の文民も、される側の自衛官も、それぞれの自覚が無く、シビリアンコントロールや民主主義の形がわかっていないのではないか」

――『東京新聞』二〇一八年四月一八日朝刊

その後、防衛省による調査は、まず四月二四日に中間報告が明らかにされた。それによると三佐は、「あなたがやっていることは日本の国益を損なうことじゃないか」「ばかなのか」と、小西議員を罵倒したことは認めた。小西議員の安保法制への批判的な姿勢が念頭にあったという。しかし、「国民の敵だ」との発言はしていないと否定した。最終的に「大変申し訳ありませんでした」と謝罪したという。一方、小西議員は東京新聞の取材に、「『国民の敵』は大きな声で二、三度言われた。あったものをなかったものにする組織的隠蔽だ」と批判した（『東京新聞』二〇一八年四月二五日朝刊)。

そして防衛省は五月八日、三佐を軽い訓戒処分とする最終報告を公表した。三佐の暴言は文民統制を損なうと批判されたが、同省は「発言は偶発的」で、「職務上ではなく私的な言動。文民統制を否定するものではない。政治的目的もなかった」として、隊員の政治活動を制限した自衛隊法の規定には抵触しないとした。自衛隊法の「品位を保つ義務」には反したが、双方の主張が食い違っていることなどから、昇任に影響する懲戒処分は見送ったという。「国民の敵だ」発言は、三佐が一貫して否定しているため、「事実として認定できなかった」とした。処分の重さについては、過去の事例や本人が反省していることなどを「総合的に勘案した」という(『東京新聞』二〇一八年五月九日朝刊)。

小西議員はこの最終報告について、東京新聞の取材に「十分な調査がおこなわれたとはいえない。『国民の敵』発言は間違いなくあった。あったものをなかったことにするのは許されない。処分も軽い。文民統制の重さを、防衛省は十分に理解していないのではないか」と重ねて批判した(同前)。

河野統幕長の改憲案支持発言が、「個人の見解・感想」として不問に付されたように、またしても「私的な言動」という個人レベルの問題に矮小化しての幕引きだった。昇任に影響する重い懲戒処分を見送ったのも、河野統幕長の異例の定年延長を認めたのと同じく、自衛隊への甘い姿勢の表れだろう。半藤の言うように、「首相や防衛相ら自衛隊を統制する側」も、「される側の自衛官」も、文民統制について厳粛な自覚が欠けているのではないか。

軍事主導体制を思わせる危険な予兆

昭和の戦争と軍部の歴史への造詣が深く、大作『昭和陸軍の研究』『東条英機と天皇の時代』などを著し、また半藤との昭和史をめぐる対談書も多いノンフィクション作家の保阪正康は、幹部自衛官の暴言事件について、問題の本質をこう鋭く指摘している。

「国会議員に対し『国民の敵』と言ったかどうかの水掛け論になっていますが、本質はそんな子どものけんかのようなことではありません。国会議員に自衛官だと名乗って暴言を吐く。そのこと自体が、軍事主導体制を思わせる予兆になり得るのです。

今回の問題は言論による疑似的テロです。昔の軍は、徹底的に自分たちに反対する議員を攻撃することで、議員の多くを味方に引き入れてきました。その経験からも、国会議員の言論を、武力を持っている人々が奪うようなことがあってはならない。政党や思想を超えてもっと怒るべきです」

――『毎日新聞』二〇一八年五月一六日夕刊

「統帥権の独立」を武器に軍部が暴走した昭和の負の歴史の反省に立って、戦後は「統帥権の独立」を否定して、文民統制を法制度に組み込んだ。戦前の陸・海軍大臣のように武官を大臣にさせないよう、憲法第六六条で「内閣総理大臣その他の国務大臣は、文民でなければならない」と定めた。自衛隊は文民の防衛大臣の統制に服さなければならないとされている。

防衛省・自衛隊に関する法律は国会で定められ、その予算も国会の議決をへて成立する。防衛出動や治安出動など自衛隊の主要な活動には国会承認が必要である。主権者の代表である国会議員は、与野党の別なく、自衛隊への文民統制を主権者の国民から負託された立場にある。

その国会議員に対し、国内唯一の武力を持つ実力組織の一員が、「あなたがやっていることは日本の国益を損なうことじゃないか」「ばかなのか」などと一方的に決めつけ、暴言を吐くことは、議員個人にとどまらず主権者である国民への威嚇の心理的効果を及ぼすものだ。暴言を吐かれた小西議員の「身の毛がよだつ」という感想は、けっして小西議員ひとりにとどまるものではなかろう。

このような文民統制からの逸脱を軽い処分ですませたことは、将来に禍根を残すことにならないか。もしも憲法九条への自衛隊明記の改憲がなされ、日本社会に「軍事公共性」という考え方が浸透することになれば、自衛隊内に文民統制を軽視する空気がひろがることはないのか。

そして、二〇一二年の自民党改憲草案にある「国防軍」創設（自衛隊の国防軍化）へとさらなる改憲が進んだ場合、半藤が危惧したように、自衛隊が文民統制のくびきを脱して、「統帥権の独立」すなわち「軍事がふたたび政治の上に行って」しまうことはないのか。それはけっして杞憂《きゆう》とはいえない。

「日本型文民統制」が骨抜きに

二〇一五年には、防衛大臣を補佐するうえで、防衛省内局の官房長や局長など背広組（文官）が、自衛隊の各幕僚長など制服組（武官）に対し優位な立場にあることを定めていた、防衛省設置法第一二条が改正された。その結果、制服組の発言権が増大した。

改正前は、自衛隊の方針や基本計画などに関する、防衛大臣の制服組への指示・承認・一般的監督を、背広組が補佐という役割を介して実質的に担っていた。それが改正後は、背広組の補佐は「政策的見地」からのものに限定され、「軍事専門的見地」からの補佐は制服組の幕僚長に一元化された（『崩れゆく文民統制』）。

これによって背広組と制服組の役割は対等になり、制服組から防衛大臣に直接、「軍事専門的見地」からの意見具申もできるようになった。つまり制服組の発言権が増したのである。

そのため、「自衛隊の運用や軍事知識が十分でない文民の首相や防衛大臣」が、「制服組の意向」にそって「判断を下すことになってしまう」おそれがある。改正前は、軍事知識もふまえて自衛隊運用の「ノウハウを持つ防衛官僚〔文官の背広組〕」が、「制服組より優位な位置を占めて、これを統制することが合理的」とされる「文官統制」が機能していた。だが、法改正により「その統制権限が削除されてしまった」のである（同前）。

「文官統制」は自衛隊の発足当初から制度化されていたもので、防衛大臣を補佐する役割において背広組（文官）の制服組（武官）に対する「優位性を明確」にするために設けられた。これは、「旧日本軍において軍部が統帥権独立制度を盾にとって政治介入し、やがて軍部主導の政治体制が作られてしまったことを教訓としたもの」である。「自衛隊（制服組）の独走を抑制する役割」をはたすための、いわゆる「日本型文民統制」といわれるものだ（同前）。

つまり文民である政治家と武官である自衛隊制服組の間に、背広組による「文官統制」を介在させることで、文民統制を二重にして、より強固な実効性のあるものとする仕組みである。要するにダブルチェックのシビリアン・コントロール機能を持たせたのが「日本型文民統制」なのである。

しかし、防衛省設置法第一二条の改正により、この文官統制が骨抜きになってしまった。その結果、制服組の発言力が増大したことが、制服組トップだった河野統合幕僚長による前出の改憲案支持の政治的発言問題の背景にあるとみられる。

「統帥権の独立」をてこに「軍部主導の政治体制」がつくられ、戦争へとなだれこんだ戦前昭和の歴史の教訓をふまえた「日本型文民統制」としての「文官統制」。それが骨抜きになったことで、ますます自衛隊に対する文民統制をいかにして保つのかが問われている。

さらなる全面改憲につながるおそれ

憲法学者の清水雅彦は、九条への自衛隊明記が「さらなる全面改憲につながるおそれがある」と注意を喚起する。

「この自衛隊明記の『加憲論』に影響を与えていると思われるのが、安倍元首相のブレーンといわれる伊藤哲夫日本政策研究センター代表の主張で、それは同センター発行の『明日への選択』二〇一六年九月号掲載の論文に書かれています」

その論文「『三分の二』獲得後の改憲戦略」には、次のような一節がある。

「国民世論はまだまだ憲法を正面から論じられる段階には至っていない。とすれば、今はこのレベル（清水注：『加憲論』）から固い壁をこじ開けていくのが唯一残された道だ、と考えるのである。つまり、まずはかかる道で『普通の国家』になることをめざし、その上でいつの日か、真の『日本』にもなっていくということだ」

清水はこの主張にこめられた狙いをこう説き明かす。

「改憲派として本当は、戦力の保持と交戦権を否定する九条二項を削除したい。しかし、それだと他の野党や国民が警戒して乗ってこないので、九条二項は維持したうえで自衛隊明記の『加憲』を提案し、それが実現した後に、二〇一二年の自民党改憲草案のような全面改憲をめざすのでしょう」

この伊藤論文の「普通の国家」や「真の『日本』」とは、名実ともに戦力も交戦権も持つ軍隊を有する国家を意味するのだろう。まさしく二〇一二年の自民党改憲草案にある「国防軍」創設の実現である。

しかし、そうなることがはたして日本にとっていいことだろうか。松本清張は改憲問題について、一九七二年の講演録「改憲の道は悲惨へ続く」で次のような趣旨を述べていた。

〈改憲論者は憲法九条を変えても、日本が軍国主義に走ることは決してないと言い、いろいろな「改正」草案を見せるだろう。しかし、現段階はそうかもしれないが、その先にふくまれている計画的な可能性が発展した段階では、どうなるだろうか。いろいろな「改正」草案には欺瞞があると考えなければならない。改憲によって日本がふたたび国家のためという「大義名分」のもと超国家主義、軍国主義となり、国民生活が圧迫され、自由が侵害されることもあり得る〉

――『松本清張社会評論集』

軍部主導の挙国一致のあげく、敗戦・亡国にいたった戦前・戦中昭和の歴史をふまえた、松本らしい洞察ではないだろうか。

第三章

軍隊は住民を守らないという昭和史の教訓
日米共同軍事作戦と悪夢の戦争シナリオ

日本の大軍拡を合意した日米首脳会談

二〇二二年五月二三日に東京で開かれた、岸田首相とバイデン大統領の日米首脳会談の共同声明で、岸田首相は「ミサイルの脅威に対抗する能力を含め、国家の防衛に必要なあらゆる選択肢を検討する決意」と、「日本の防衛力を抜本的に強化し、その裏付けとなる防衛費の相当な増額」を表明した。それをバイデン大統領は強く支持した。

岸田首相は会談後の共同記者会見で、「ミサイルの脅威に対抗する能力」について、「いわゆる『反撃能力』を含め、あらゆる選択肢を排除しない」と述べた。

「反撃能力」とは敵基地攻撃能力を言いかえたものだ。その対象は敵基地だけでなく、「指揮統制機能等」（軍司令部や政府首脳の官邸など国家中枢）もふくむとされる。実質的には従来の専守防衛の原則を逸脱する敵国攻撃能力である。場合によっては先制攻撃となるケースも想定されている。全面戦争にエスカレートする危険性をはらむ軍事力の強化だ。その能力保持のためには大幅な軍備拡大が必要となる。

このように岸田首相がいわば対米公約ともしてしまった、日本の軍事力強化・軍拡の動きは、アメリカの対中国の軍事戦略に呼応している。

二〇二二年一月七日の日米安全保障協議委員会（外相・防衛相と国務長官・国防長官の組み合わせで、「ツー・プラス・ツー」と呼ばれる）の共同発表は、「ルールに基づく秩序を損なう中国」と一方的に名指して、「地域の安定を損なう行動を抑止し、必要であれば対処する」とうたった。この「対処」に軍事的対処すなわち武力の行使がふくまれるのは言うまでもない。

そして、日本側はやはり、「ミサイルの脅威に対抗するための能力を含め、国家の防衛に必要なあらゆる選択肢を検討する決意」を明らかにした。その選択肢に「敵基地攻撃能力も含まれる」ことを、共同記者会見で林芳正外相は認めた。

さらに共同発表では、「緊急事態に関する共同計画作業の進展」、「南西諸島を含めた地域における自衛隊の態勢強化の取り組みを含め、日米の施設の共同使用の増加」も表明された。緊急事態に関し具体的な地域名はあげていないが、台湾有事を想定したものとみてまちがいない。

二〇二三年一月七日の日米安全保障協議委員会でも、「日本の反撃能力の効果的な運用に向けて、日米間の協力を深化させる」と合意した。

前出の日米首脳会談後の共同記者会見で、バイデン大統領はアメリカの記者から、「台湾防衛のために軍事的に関与する用意があるか」と質問され、「ある。それがわれわれの誓約だ」と答えた（『朝日新聞』二〇二二年九月二〇日朝刊）。それは、台湾有事が起きた場合、アメリカが軍事介入し、中国と戦うことを意味する。

台湾有事と悪夢の戦争シナリオ

二〇二一年一二月に共同通信がスクープして各地方紙に配信した記事「南西諸島　米軍臨時拠点に　台湾有事で共同作戦計画　住民巻き添えリスクも」（『河北新報』二〇二一年一二月二四日）で、米軍と自衛隊が台湾有事を想定し、対中国の新たな共同作戦計画の原案を策定したことが明らかになった。複数の日本政府関係者の証言を得て書かれた記事である。

それによると、「台湾有事の緊迫度が高まった初動段階」すなわち「中国軍と台湾軍の間で戦闘が発生し、放置すれば日本の平和と安全に影響が出る『重要影響事態』と日本政府が認定した」場合、米海兵隊は沖縄県と鹿児島県にまたがる南西諸島の有人島、無人島合わせて二〇〇弱のうち約四〇ヵ所に、臨時の軍事拠点を設ける。

米軍は「中台紛争への軍事介入を視野に、対艦攻撃ができる海兵隊の高機動ロケット砲システム『ハイマース』を配置」し、「〔米軍の〕空母が展開できるよう中国艦艇の排除」にあたる。自衛隊には「輸送や弾薬の提供、燃料補給など後方支援」を担わせる。海兵隊の部隊は「相手の反撃をかわすため、拠点となる島を変えながら攻撃を続ける」計画だ。

米海兵隊が軍事拠点化を計画する約四〇ヵ所は、「大半が有人島で、水を自給できることを条件」に選んだ。陸上自衛隊が対艦・対空ミサイル部隊を配備した奄美大島、宮古島や配備予定（二〇二三年三月に配備）の石垣島もふくまれるという。

日本政府関係者の証言によると、この共同作戦計画の原案は、ハワイに司令部を置く米インド太平洋軍が、「自衛隊に提案」した。「中国への対処を念頭に部隊の小規模、分散展開を骨格とする海兵隊の新たな運用指針『遠征前方基地作戦（ＥＡＢＯ）』」にもとづくものだ。米軍と自衛隊はすでに「原案策定を終え、検証作業に着手」し、二〇二一年一二月には「東北と北海道でＥＡＢＯを踏まえた初の共同訓練を実施」した。

さらには、沖縄本島うるま市にも陸上自衛隊の対艦・対空ミサイル部隊が、与那国島にも対空ミサイル部隊が配備される予定である。

この記事で暴露された日米の共同作戦計画の原案をもとに、前出の日米安全保障協議委員会の共同発表にある、「緊急事態に関する共同計画作業」が進められる。共同発表では「日米の施設の共同使用の増加」も表明された。沖縄や奄美で米軍と自衛隊が基地の共同使用もしながら、対中国の共同作戦をおこなうとみられる。

この共同作戦計画が想定している台湾有事が起きれば、アメリカは台湾支援のため在日米軍基地を活用して軍事介入するだろう。自衛隊も米軍を支援することになる。

中国側のミサイルなどの反撃は必至だ。戦禍は沖縄など南西諸島にとどまらず、エスカレートして日本全体に及ぶと考えられる。戦場となって死傷者も続出し、甚大な被害を受けるのは日本である。アメリカ本土まで戦場となる可能性は低い。中国も核戦争につながるアメリカ本土攻撃は控えるはずだ。結局、日本が大きな犠牲を強いられることになる。まさに悪夢の戦争シナリオである。

住民の犠牲も織り込みずみの軍事作戦

奄美・沖縄配備の陸上自衛隊の地対艦・地対空ミサイルは車両搭載式である。発射場所を敵に探知されないように、島内を移動しながら発射する。事実上、島内全域がミリイル部隊の展開場所とされる。反撃を受けたら住民も巻き込まれる。死傷者も出るにちがいない。宮古島のミサイル弾薬庫は住宅地から数百メートルしか離れていない。つまり、戦争が起きた場合の住民の犠牲は織り込みずみの作戦なのである。

前出の共同通信の記事でも、「新たな共同作戦計画では、南西諸島一帯が戦場となりかねない」と指摘されている。取材に応じた自衛隊幹部の予見の言葉が、こう記されている。

「日本列島は米中の最前線。台湾を巡る有事に巻き込まれることは避けられない。申し訳ないが、自衛隊に住民を避難させる余力はないだろう。自治体にやってもらうしかない」

また、この記事の取材をした共同通信の石井暁記者に、ある自衛隊の高級幹部が次のように本音をもらしている。

「台湾有事で重要影響事態が認定されたら、自衛隊は米軍の後方支援を最優先する。南西諸島の住民を避難させる余裕はまったくない」（「台湾有事と日米共同作戦」石井暁著／『世界』二〇二二年三月号　岩波書店）

このように自衛隊は軍事組織として作戦遂行を最優先し、有事すなわち戦時の住民避難、住民保護の方策は立てていないのが現実である。「自治体にやってもらう」というが、沖縄県だけでも人口は約一四六万人。南西諸島の多くの島々に住む人びとを、いったいどうやって避難させようというのか。そのための十分な船や飛行機の手配は、現実的には不可能としか言いようがない。台湾有事を想定したこの共同作戦計画の原案は、多くの住民が戦火に巻き込まれることも想定したうえで立てられている。まさに住民一人ひとりの生命にかかわる大問題である。

それなのに、岸田首相は作戦計画の有無を国会で問われても、「お答えは差し控える」とそっけない答弁でうやむやにしている（二〇二二年一月二六日、衆議院予算委員会）。

「自衛隊の『作戦計画』は、国民が常から批判し、監視しなければ、いつ、どんな危険な暴走になるか分からない」という松本清張の言葉が、あらためて重大な意味を帯びてくる。

沖縄をふたたび戦場にさせない

日米による対中国の軍事戦略の最前線に位置づけられているのが沖縄だ。沖縄県民の間では、沖縄が矢面に立たされ、かつての沖縄戦のようにふたたび戦場にされることへの懸念が高まっている。各種報道によると、沖縄県の玉城デニー知事は二〇二二年一月七日の記者会見で、次のように危機感をもって訴えた。

「台湾有事などによって、沖縄が攻撃目標となるような事態は絶対にあってはならない」

「自衛隊配備の増強と、米軍による自衛隊施設の共同使用が重なると、県民としては非常に大きな不安を抱える。共同使用はやるべきではない」

「〔政府は〕アジア太平洋地域における緊張緩和と、信頼の醸成に努めてほしい」

また玉城知事は二〇二三年二月一〇日の記者会見でも、「反撃能力を有するミサイル等の県内配備はさらなる基地負担の増加につながり、県民の理解は得られないことを考え、断固反対する」と、強い決意を示している。

自衛隊の対艦・対空ミサイル部隊が二〇二三年三月に配備された石垣島では、市議会が二二年一二月一九日に長射程ミサイル配備に反対する次のような意見書を可決した。

「ここにきて突然、市民への説明がないまま、他国の領土を直接攻撃するミサイル配備の動きに、市民の間で動揺が広がっており、今まで以上の緊張感を作りだし危機を呼び込むのではないかと心配の声は尽きない。石垣市議会は、『平和発信の島』、『平和を希求する島』との決意のもと議会活動しており、自ら戦争状態を引き起こすような反撃能力をもつ長射程ミサイルを石垣島に配備することを到底容認することはできない」

沖縄県では二〇二二年一月に、市民団体「命どう宝　沖縄・琉球弧を戦場にさせない県民の会」も結成された。その呼びかけ文は、「私たちの島々は無人島ではありません。百数十万の人々が暮らしている島々です。日米両政府、自衛隊、米軍に住民の命を犠牲にする権限はありません。いかなる理由によっても決して戦争を引き起こしてはならないのです」と、南西諸島の対中最前線化、ミサイル要塞化に反対する姿勢を鮮明にしている。

いずれも、沖縄が本土防衛の捨て石とされた、あの沖縄戦の悲劇をくりかえしてはならないとの決意が伝わってくる。

沖縄戦の痛ましい歴史の教訓

私が沖縄の米軍基地問題の取材で会った沖縄戦体験者たちは、「基地の存在が戦争を招く。それが沖縄戦の痛ましい犠牲を通じて県民が学んだ歴史の教訓だ」と口々に語った。アジア・太平洋戦争の末期、一九四五年（昭和二〇年）三月～六月の沖縄戦では、国内で唯一、地上戦がおこなわれた。住民も戦火に巻き込まれて死傷した。

県民は飛行場の建設、陣地の構築、弾薬の運搬などに動員された。一七歳から四五歳までの男性は「防衛召集」という根こそぎの現地召集をされ、防衛隊に編成された。部隊によっては一六歳から五〇歳まで年齢枠を拡大して召集された例もある。中学生、師範学校生、女学校生、青年学校生なども動員され、軍の指揮下におかれた。通信隊や鉄血勤皇隊、従軍看護隊、青年義勇隊なども編成された。

まさに「軍民一体の戦闘」「軍民混在」だった。住民は戦火に追われて逃げまどった。洞窟などに潜んだ末に、日本軍に追い出されたり、スパイ視されて虐殺されたり、「集団自決（強制集団死）」を強いられたりする事件が相次いだ。

沖縄戦の日本側戦没者数は、正確にはわからない。沖縄県の資料などによると、県外出身軍人が約六万五〇〇〇人、沖縄出身軍人・軍属が約二万八〇〇〇人、住民が約九万四〇〇〇人とされている。当時の沖縄県の人口が約六〇万人だったから、戦争による県民の犠牲がいかに大きかったかがわかる。

私が会った沖縄戦体験者のひとり知念忠二は、一〇歳のときに故郷の伊江島で母、姉、弟二人、妹二人、祖父母とともに洞窟に避難し、生き延びた。父は防衛隊に召集されて戦死、一六歳だった兄は青年義勇隊に入って戦死した。

知念たち家族が島の北部の洞窟に隠れていたとき、四、五人の日本軍敗残兵が潜り込んできて、米軍と戦うのだと息巻き、洞窟の入口に軽機関銃を据えつけた。およそ六〇人の避難民たちは不安につつまれた。

「その翌々日くらいに、米軍の捕虜になっていた島民が洞窟の入口近くから、『もう日本軍は負けたので、早く出てきなさい』と呼びかけたんです。日本兵たちは『スパイだ』と撃とうとしたけれど、米軍に見つかると思ったのか撃ちませんでした」

その島民は逃げ去った。しばらくして、米軍が洞窟の上の割れ目からガス弾を投げ込んだ。息苦しくなってきた。混乱のさなか、知念の伯父が「もう出よう」と叫ぶと、日本兵たちは「お前たちはスパイか」と怒り、軽機関銃の銃口を向けた。

「子供心に、ああもう終わりかと思いました。しかし、伯父と祖父が、『君たちは何を言うか。もう戦《いくさ》は負けてるんだよ。われわれは子や孫のいのちを捨てさせるわけにはいかん。出ていくんだ』と立ちはだかったんです。その気迫に励まされて、二人を先頭にみんなで出てゆきました。日本兵たちは気圧《けお》されたのか、とうとう手出しできませんでした」

知念は、そのときは「ああ死なずにすんだ、助かった」と思っただけだったが、戦後、沖縄各地で住民が日本兵にスパイ視されて虐殺されていたことを知る。あらためて振り返ってみて、「基地があったから戦場になった。軍隊は住民を守らない。軍は軍そのものを最優先させる。それが沖縄戦の歴史の教訓だ」と理解するようになったという。

軍の楯にされ犠牲を強いられた人びと

沖縄戦で県民が多大な被害を受けた背景には、日本軍が本土決戦の態勢を整えるため、沖縄での戦闘を長引かせて時間稼ぎをする持久戦の方針をとったことがある。半藤一利も自著『B

面昭和史』（平凡社　二〇一六年）で、こう指摘している。

「大日本帝国にとって、沖縄防衛は本土決戦準備のための時間稼ぎであったのである。沖縄戦の作戦を立案した防衛軍参謀八原博通は戦後に『本土決戦を有利ならしむる如く行動』『戦略的には持久戦』と著書に記している。そのために軍は県民を『軍官民共生共死』のスローガンのもとに戦闘にまきこんだ。一言でいえば、沖縄は本土の楯にされ、県民は軍の楯にされて死ななければならなかったのである」

「本土決戦準備のための時間稼ぎ」に、沖縄県民は「軍の楯」にされて犠牲を強いられた。軍隊は住民を守るどころか捨て駒として利用する作戦を立てていたのである。

この「軍隊は住民を守らない」という昭和史の悲劇の教訓を示す事例として、ほかにも、一九四五年八月のソ連軍の満州（中国東北部）侵攻後、日本の関東軍が「満州開拓団」や都市の居留民など在留日本人を見捨てた史実があげられる。

一九四五年八月九日、ソ連軍が満州に侵攻した直後、関東軍総司令部はいちはやく新京（長春）から朝鮮国境に近い通化に退却した。日本軍はすでにその年の五月、ソ連軍が満州に侵攻した場合の防衛作戦として、「関東軍が朝鮮国境を底辺とし新京を頂点とする三角地帯にたてこもる方針を発令」していた。それは満州の残り四分の三を事実上、放棄するものだった。しかも「国境地帯に入植した開拓団など在留邦人については、『対ソ静謐《せいひつ》確保』のため事前退避の措置はとられなかった。これは在留邦人が関東軍の『案山子《かかし》』あるいは『楯』として置き去りにされることを意味」していた（『十五年戦争小史』江口圭一著　青木書店　一九九一年）。

当時の満州在留日本人も、沖縄戦での県民と同じように「軍の楯」にされ、棄民とされて犠牲を強いられたのである。その結果、敗戦時に約一五五万人（うち開拓民は約二〇万〜二七万人）いたといわれる在留日本人のうち、ソ連軍侵攻から日本への引き揚げまでの間に約一七万六〇〇〇人（うち開拓民約七万人）が死亡した。ソ連軍などによる「多くの暴行・略奪・強姦事件などが発生し、混乱が倍加」され、その渦中で「多くの日本人孤児や日本人妻などが中国に残される」ことになった（『昭和の歴史7　太平洋戦争』木坂順一郎著　小学館　一九八三年）。

当時の関東軍の作戦参謀だった草地貞吾元大佐は、戦後四〇年以上たったあとでも、次のように語って、開拓団など在留日本人を見捨てたことを正当化している。

「戦時に軍隊に身の安全を守ってもらおうと考えるのは間違い。軍は国家を守るため作戦を優先する。面倒など見てはいられない。それが戦争なのだ」（「軍（語り尽くされたか中国残留孤児：2）」／『朝日新聞』一九八七年一月三一日朝刊）

一般民を見捨てた日本軍の本質

半藤も自著『ソ連が満洲に侵攻した夏』（文藝春秋　一九九九年）で、関東軍が在留日本人を見捨て、守らなかった問題にふれている。

「〔関東軍総司令部の突然の移動について〕新京付近の居留民が、われわれを置き去りにして総司令部が〝逃げた〟と怨むのは当然である。そして戦後、満洲各地にあって生命からがら逃げのびて、帰国することのできた人びとがこの事実を知り、唇を震わせて怒ったのも無理はない。全満各地に居住していた日本人は、だれもが関東軍が守ってくれるものと信じ、関東軍の庇護を唯一の頼りにしていたからである。それがさっさと『退却』したなどとは、考えてみもしなかった」

そして半藤は、在留日本人を事実上、見殺しにした日本軍という組織の本質を掘り下げている。半藤はまず、この満州でのケースと対照的な事例として、第二次世界大戦で敗戦必至となったドイツ軍による、ドイツ難民・将兵の移送作戦をあげる。

ヒトラーがベルリンで自決した後、ドイツ軍の総指揮をまかされた海軍元帥デーニッツの回想録『10年と20日間』によると、ドイツの敗北を予見していたデーニッツは、「降伏の四ヵ月も前から水上艦艇の全部を、東部ドイツからの難民や将兵を西部に移送するため投入していた。ソ連軍の蹂躪《じゅうりん》から守るため」で、運ばれた人数は全部で二〇〇万人を超えるという（『ソ連が満洲に侵攻した夏』）。

このように敗戦必至の「国家が、軍が、全力をあげて最初にすべきことは、攻撃戦域にある、また被占領地域にある非戦闘民の安全を図ること」である。ヨーロッパの戦史を見ると、それが実行されていたことがわかる。しかし、「日本の場合は、国も軍も、そうしたきびしい敗戦の国際常識にすら無知であった」と半藤は述べ、次のように日本軍の本質をえぐりだす（同前）。

「だが、考えてみれば、日本の軍隊はそのように形成されてはいなかったのである。国民の軍隊ではなく、天皇の軍隊であった。国体護持軍であり、そのための作戦命令は至上であった。本土決戦となり、上陸してきた米軍を迎撃するさい、避難してくる非戦闘員の処置をどうするか。この切実な質問にたいし陸軍中央の参謀はいったという。『やむをえん、轢《ひ》き殺して前進せよ』」

「そうした帝国陸軍の本質が、満洲の曠野において、生き残った引揚者に『国家も関東軍もわれわれ一般民を見捨てた。私たちは流民なのであった。棄民なのであった。ソ連軍の飽くなき略奪と凌辱、現地民の襲来、内戦の弾下の希望なき日々』（村岡俊子氏）とつらい叫びをあげさせるもとい〔基〕をつくったのである」

日本軍と自衛隊と軍事優先

日本軍が「国民の軍隊」ではなく「天皇の軍隊」であり、「国体護持軍」であったという本質が、一般民に悲劇をもたらした。そう半藤は憤りをこめて告発している。

それは沖縄戦でも同様だった。軍も政府も、沖縄を本土決戦のための時間稼ぎ、本土防衛の捨て石にした。その根底には、当時の日本の支配層（天皇、宮廷、重臣、政府高官、軍高官）が最もこだわった「国体護持」の絶対的方針があった。国体すなわち天皇制の維持を最優先にしていたのである。

沖縄戦末期の一九四五年六月八日の最高戦争指導会議決定「今後とるべき戦争指導の基本大綱」では、国民に対して、「七生尽忠《しちしょうじんちゅう》の信念を源力とし、地の利、人の和をもってあくまで戦争を完遂し、もって国体を護持し、皇土を保護し、征戦目的の達成を期す」と、本土決戦を呼号していた（『戦後変革』大江志乃夫著　小学館　一九七六年）。

本土防衛の捨て石という意味をつきつめれば、「国体護持」のための捨て石だったことになる。日本軍は「国民の軍隊」ではなく「天皇の軍隊」であった。それは、第二章で述べた「統帥権の独立」による天皇直属の組織としてつくりあげられた歴史があるからだ。半藤が説いたように、日本は明治時代に憲法という「国の基本骨格ができあがる前」に、「軍事優先国家の道を選択」していた。その果てに、沖縄や満州での悲劇にみられるように、「軍隊は住民を守らない。軍は軍そのものを最優先させる」現実があらわになった。ここにも昭和史の教訓が刻まれている。

台湾有事を想定した日米の共同作戦計画をめぐって、前出の自衛隊の高級幹部は、「自衛隊は米軍の後方支援を最優先する。南西諸島の住民を避難させる余裕はまったくない」と語っている。また関東軍の元作戦参謀は、「戦時に軍隊に身の安全を守ってもらおうと考えるのは間違い。軍は国家を守るため作戦を優先する」と述べている。

この二つの発言を並べてみると、日本軍と自衛隊の本質がそのままストレートに結びつくわけではもちろんないが、軍事優先・国家優先の考え方においては一定の連続性がみられるのではないかと思わざるをえない。

自衛隊は米軍支援を最優先し、住民の避難には関わらないという、この自衛隊高級幹部の発言。それは、仮に台湾有事が波及して南西諸島が戦火に巻き込まれた場合、かつての沖縄戦と同じように、「軍隊は住民を守らない。軍は軍そのものを最優先させる」現実が再現されるだろうと予測させるものだ。

もしも憲法九条に自衛隊を明記する改憲がおこなわれ、日本社会に「軍事公共性」という考え方が浸透したら、自衛隊も軍事優先・国家優先へと、より色濃く染まっていきはしないだろうか。

アメリカの軍事戦略に組み込まれる日本

前出の共同通信の日米共同作戦計画に関する記事によると、米海兵隊は南西諸島の臨時軍事拠点に対艦攻撃ができる高起動ロケット砲システムを配置する。それは、「〔米軍の〕空母が展開できるよう中国艦艇の排除」をするためだ。東シナ海や西太平洋での制海権の確保をめざすもので、米軍による台湾支援の大きな作戦の一環である。

その米軍への「後方支援」を自衛隊は「最優先」するという。それは、自衛隊も米軍による台湾支援の作戦の一環に組み込まれることを意味する。また、台湾有事が波及して安保法制の「存立危機事態」と判断されたら、中国から攻撃を受けるアメリカとの集団的自衛権行使という名のもと、自衛隊の役割は「後方支援」にとどまらない。日本自体がまだ中国から武力攻撃を受けていない段階でも、南西諸島の自衛隊ミサイル部隊などの参戦、米軍と共同での対中国攻撃へとエスカレートする。その結果、沖縄・奄美など南西諸島が、さらには日本全体が、中国のミサイルなどで反撃され、戦火に巻き込まれてしまえば、日本がアメリカの対中国軍事戦略のための楯とされ、捨て石ともされてしまうことになる。

しかし、考えてみれば、それも日米安保条約という軍事同盟を通じて、日本がアメリカの世界的な軍事戦略に組み込まれ、対米追従の深みにますますはまっている現状からすると、みずから進んで危険な道に迷い込むようなものではないだろうか。

このように日米安保条約を通じて日本が戦争に巻き込まれるおそれを、やはり松本清張も一九六四年の『文藝春秋』連載「現代官僚論」の「防衛官僚論」で、次のように的確に指摘していた。

「日本はアメリカの極東戦略網に身動きもならず組みこまれている。当然、この体制は中国と正面から対決せざるを得ない」

「自衛隊が米軍の下に『日米共同作戦』という名の補助戦力の任務を負わされている限り、アメリカの極東戦略が自衛隊の性格を決定し、したがって極東米軍の戦略のもとに自衛隊も随伴する」

「ハワイの太平洋空軍司令部からの発令で在日米軍が他国に対して攻撃をおこなった場合、共同作戦の建前上、『日米交戦規則』〔ＲＯＥ〕をもうけ、好むと好まざるとにかかわらず、自衛隊は必然的に敵国と交戦状態に入らざるをえない」
「米空軍がその敵とするいずれかの国に攻撃をかけた場合、攻撃を受けた国が在日米軍基地を報復的にか、又は防禦的破壊の目的で襲撃してきたとき、基地を守備している自衛隊も攻撃されるのは当然である」
「安保条約が存在してアメリカ軍が日本に駐留している限り、日本はこの交戦の危機に絶えず曝《さら》されている」

そして、こう警告を発している。

「アメリカ一辺倒の政治体制、そして〔米軍という〕虎の威を借る日本自衛隊の『作戦計画』は、国民が常から批判し、監視しなければ、いつ、どんな危険な暴走になるか分からない」

台湾有事に米軍が在日米軍基地から軍事介入すれば、日本も戦争に巻き込まれる危うい構図に、一九六四年当時も、現在も変わりない。相も変わらぬ「アメリカ一辺倒」の追随路線では、日本みずから戦争の危機を呼び込むことになる。前出の台湾有事を想定した日米の共同作戦が、まさにそうだ。

松本の指摘、警告は半世紀以上も前のものだが、まったく古びていない。それどころか、今目的な重要性をさらに増している。

米軍と自衛隊の共同作戦も検討した「三矢研究」

「米軍の戦略のもとに自衛隊も随伴する」実態は、松本が「防衛官僚論」で告発した自衛隊の極秘の戦時体制計画「三矢研究」（「昭和三八年度統合防衛図上研究」）にも表れていた。

「三矢研究」は第一章で述べたように、一九六三年（昭和三八年）二月～六月、自衛隊統合幕僚会議（現統合幕僚監部）の将官・佐官らが、第二次朝鮮戦争の勃発とその日本波及を想定し、それにどう対処するかを具体的に研究し、図上演習もおこなったものだ。

研究、図上演習のために想定された戦争シナリオは、「第1動」から「第7動」まで七段階に分けられ、次のようにエスカレートする。まず韓国軍の一部が反乱し、在韓米軍が鎮圧に動く。しかし、北朝鮮と中国による「共産軍」が韓国に侵攻、韓国軍や米軍と交戦状態に入る。情勢は激化し、「共産軍」による西日本方面への海上からの攻撃と航空攻撃も始まる。米軍と自衛隊も応戦する。さらにソ連（当時）も軍事介入し、北日本への侵攻に至る状況となる。

このような想定にそって、米軍と自衛隊の共同作戦、国家非常事態の宣言、政府機関の臨戦体制化、非常事態措置諸法令の制定、情報統制、国家総動員体制の確立などを、詳細に検討したのである。

「三矢研究」は当時、東京の赤坂檜町にあった防衛庁の統合幕僚会議事務局の作業室と、市ヶ谷の陸上自衛隊の図上演習講堂で実施された。地図上に敵味方の部隊を表す駒を並べて動かす、実戦的な兵棋《へいぎ》演習もおこなわれた。厳重な秘密保全態勢がしかれた。白や赤や青など色別の腕章をつけた関係者以外は立ち入り禁止の、密室での重要任務であった。図上演習講堂の入口には歩哨が立って見張りをした。

図上演習には、在日米軍司令部の第2部（諜報）、第3部（作戦計画）、第4部（兵站）の各部長（陸・空・海軍大佐）も見学者として参加していた。「三矢研究」では、米軍と自衛隊の共同作戦も、重要事項として検討されたからだ。

この米軍人参加の事実は後に、「三矢研究」をつかさどった統裁官で、統合幕僚会議事務局長だった田中義男元陸将の口から初めて明かされた。一九六五年七月七日、札幌地裁「恵庭《えにわ》事件裁判」公判での証言である。

恵庭事件とは、一九六二年一二月一一日に北海道恵庭町（現恵庭市）の自衛隊島松演習場に接して牧場をいとなむ野崎健美・美晴兄弟が、演習場内で自衛隊の演習用通信線を切断した事件だ。それまで野崎家は長年にわたり、自衛隊の砲撃訓練やジェット戦闘機射撃訓練の騒音と震動による難聴、精神的ストレスと体調不良、飼育する牛の流産・乳量の激減・受胎率の低下など深刻な被害を受けていた。

自衛隊に抗議を重ね、牧場との境界近くでの砲撃訓練は事前に連絡して話し合うと約束された。しかし、それはまったく守られず、事前連絡もなく訓練はおこなわれた。中止を求めたが、相手にされず、やむなく抗議行動として演習用通信線をペンチで切断した。それが自衛隊法第一二一条（防衛用器物損壊）違反として起訴されたのである。

被告弁護団は無罪を得るために、そもそも自衛隊法は違憲・無効だと主張した。そのためには、自衛隊が自衛の限界を超える攻撃性を持つ、違憲の軍隊である実態を立証する必要があった。

自衛の限界を越える自衛隊の攻撃性

そこで着目したのが「三矢研究」である。被告弁護団は、「三矢研究」について国会で爆弾質問をし、追及した前出の岡田春夫議員に会った。極秘文書の写しを提供してもらい、分析をした。「三矢研究」を統率した田中元陸将の証人喚問も求めた。

そして、専守防衛という自衛の限界を越える自衛隊の攻撃性が浮かびあがってきたのである。

当時、被告弁護団の一員として、田中元陸将の証人尋問にあたった内藤功弁護士はこう語る。

「三矢研究の極秘文書には、日本国外の『敵の海空基地』への攻撃作戦は、『主として米軍が担当する』と書かれていますが、それは従として副次的に自衛隊が担当する場合もあり得ると解釈できます。田中証人もその可能性を否定しませんでした。攻撃作戦において自衛隊が『偵察』などの任務を担当することも『あり得る』と、法廷で述べたのです」

「三矢研究」の「用兵の基本に関する事項」には、次のように、自衛隊が「外域」と呼ばれる日本国外、外国領域にまで出動するケースを想定した作戦についても記されている。

「自衛隊の用兵地域は、わが国の施政下にある全領域並びにその周辺海空域とし、海空の部隊がその外域に作戦する必要がある場合は、あらかじめ定めてあるものを除き、その都度指示する」

「このように米軍とともに外国領域への攻撃作戦に加わるケースもあるという、自衛隊の攻撃性が浮かびあがってきました。それは、『三矢研究』を基礎とする統合幕僚会議の『昭和四十年統合年度、戦略見積――資料』で、さらに明らかになっています」と、内藤は「三矢研究」に続く自衛隊の内部文書の重要性を指摘する。

この極秘の『昭和四十年統合年度、戦略見積――資料』も、松本が入手して「防衛官僚論」で暴露したものである。松本はこの『戦略見積』のなかで、「憲法違反の疑い、政府の国会答弁の範囲を逸脱したと思われる箇所」を次のようにあげている。現在の「反撃能力」＝敵基地・敵国攻撃能力の保有問題にもつながる日米共同作戦の内容が、赤裸々に示されている。

「防衛の対象区域は、わが国の施政下にある全領域とし、自衛隊の行動区域は防衛目的達成のため必要な範囲とし、要すれば外国領域を含むものとする」

「わが国周辺における航空優先を確保するためには、積極的に敵の航空基地を攻撃し、その航空戦力を撃破するとともに、侵入に対しては防空作戦を実施して、これを阻止することが必要であり、特に前者の攻撃作戦が本作戦全般に占める地位は極めて大きい」

「わが能力上の限界から、攻撃は米海空軍に期待し、自衛隊は防空作戦を実施することとなるが、状況によっては、能力の範囲内において近接する地域に対し攻撃作戦を行なうことを考慮の要がある」

「状況によって」必要とあらば自衛隊機が、「能力の範囲内」で近接する「外国領域」に侵入し、敵基地を攻撃する作戦が考えられていたのだ。専守防衛の要件「自衛のための必要最小限度の実力行使」を逸脱する攻撃性がはっきりと表れている。それは、今日の敵基地・敵国攻撃能力の保有に通じるものだ。当時この「外国領域」として想定されていたのは、やはり北朝鮮、中国、ソ連であろう。

松本はこの敵基地攻撃の作戦構想を、「憲法違反の疑い、政府の国会答弁の範囲を逸脱」と批判している。専守防衛の原則を逸脱し、全面戦争につながる敵基地・敵国攻撃作戦とその能力保有の危うさを、松本は早くから見抜いていたのである。

そして半藤も同じように、「三矢研究」にみられる自衛の限界を超える自衛隊の攻撃性を問題視して、次のように注意をうながしていた。

「また反撃作戦として、日本防衛に直接関係のある敵基地に『限定作戦』を想定するなど、〝自衛〟の限界すらも超えた研究だった」

――「あばかれた三矢研究」

日米作戦調整所と自衛隊の対米従属性

「このような自衛隊の攻撃性は、米軍との共同作戦を通じて発揮されますが、主導権はあくまでも米軍側にあります。それは自衛隊の対米従属性の表れです。『三矢研究』で設置が検討されていた『日米作戦調整所』も同様です。それは①米太平洋軍司令部と防衛庁②在日米軍司令部と自衛隊統合幕僚会議③在日米軍各軍と自衛隊の陸海空の各幕僚監部の三段階に分かれ、事実上の日米統合司令部だと、田中証人も認めました。米軍側の情報収集の能力と分析力などがはるかに高いことから、事実上、米軍が自衛隊を指揮するわけです」

そう内藤は米軍上位の内実を説き明かす。

この「日米作戦調整所」による「連絡調整事項」には、「作戦準備」「警戒措置」「兵力展開」「作戦方針」「協同作戦」「核兵器の持込及び使用」「無線周波数の調整」「心理戦の実施」「捕虜、敵性民間人の収容」「敵性財産の収容管理」「民間人及び民間資源の統制」「公安秩序の維持」「秘密指定、秘密保護立法」「報道検閲」など、戦争と治安維持と情報統制と国民統制に備えて、米軍と自衛隊が連携するための、実戦的なきなくさい言葉が列記されている。

自衛隊の対米従属性について、内藤はさらなる事例をあげる。

「『三矢研究』から発展した一九六六年度の日米共同『ブル・ラン作戦計画』でも、自衛隊は戦時に米軍の指揮下に入るとされています。そこにも自衛隊の対米従属性が明確に表れています」

「『ブル・ラン作戦計画』(「猛牛暴走作戦計画」)は、北朝鮮軍の韓国侵攻に始まる第二次朝鮮戦争と、台湾海峡での中国軍と台湾軍の武力紛争（台湾有事）が勃発、米軍が軍事介入し、自衛隊が米軍を支援、そして戦火は日本に波及するという事態を想定したものだ。『週刊現代』（一九六六年九月二九日号　講談社）で、編集部が独自に入手したその極秘文書の内容を暴露した。

「独占特報」と銘打った記事「自衛隊の米中戦出兵秘密計画―日米共同〝ブルラン作戦〟の全貌」によると、「ブル・ラン作戦計画」には、「計画番号《オペレーションナンバー》〝6〟」がついており、「アメリカ太平洋方面軍最高司令部、太平洋艦隊最高司令部、極東方面軍、陸・海・空軍最高司令部の参謀・情報スタッフ」が、自衛隊統合幕僚会議から「資料と協力」を得て検討し、策定したものだ。

戦時には米軍の指揮下に入る自衛隊

その内容は、「目的、後方支援、後方配備、海上警備、通信連絡などの、作戦計画実施に関する項目や、陸、海、空軍勢力の配備、編成、展開、移動などにわたる作戦計画、ならびに連合軍形式の戦闘勢力の計画調整にいたるまで」の、「スクラップ・ブック大のファイルで英文で約二千ページに上る」膨大なものである。作戦計画の項目には、自衛隊の関わりが次のように書かれている。

「自衛隊の航空勢力および海上勢力は、米軍の〝他地域〟〔外国領域〕に対する補給作戦の支援業務にあたるものとする」

「自衛隊の地上兵力は、日本本土に明確な攻撃が加えられるまで、対敵攻撃の勢力となることはない」

「自衛隊も戦闘状態に入るときは、米極東方面軍最高司令部および防衛庁、ならびに日米両国政府の協議によって決定する。これはできうるかぎりすみやかに決定される最高の了解事項とし、同時に両国大使は、国連に働きかけ、（自衛隊が）国連警察軍となる努力をなすものとする」

そのうえで指揮権についてこう記されている。

「戦闘状態突入後は、日米の最高司令部は、以後の作戦を合同で協議するが、指揮権は米側に所属する」

戦時に自衛隊が外国軍隊である米軍の指揮下に入る。それは独立国にあるまじき従属性の表れだ。主権の放棄と言ってもいい。国民主権を原理とする憲法にも違反する。

「三矢研究」の「日米作戦調整所」の発展型といえる「共同運用調整所」（米インド太平洋軍司令部と在日米軍司令部の代表、自衛隊統合幕僚監部と陸・海・空の各幕僚監部の代表で構成）も、二〇一五年の安保法制に合わせて発足した。

やはり事実上の日米統合司令部だ。戦時の指揮権を米軍が持つとはされていないが、情報収集力・分析力で格段に勝る米軍側が主導権を握り、事実上、自衛隊を指揮下におくとみられる。

前出の岸田政権による「安保三文書」は、日米同盟のさらなる強化をうたっている。「国家安全保障戦略」は「日米間の運用の調整、相互運用性の向上、サイバー・宇宙分野等での協力深化、先端技術を取り込む装備・技術面での協力の推進、高度かつ実践的な共同訓練、共同の情報収集・警戒監視・偵察、施設〔基地〕の共同使用の増加」など、全面的な強化を掲げる。それを受けて、陸・海・空自衛隊の部隊運用を一元的に指揮する「常設の統合司令部」も新設される。この「統合司令部」は「台湾有事を念頭」に、「日米統合運用を進める」ため「米軍との一体性を強化」し、「意思疎通と戦略の擦り合わせ」をするのが目的だという（『日本経済新聞』二〇二二年一〇月三〇日朝刊）。

「米軍との一体性を強化」するための自衛隊の統合司令部だが、実際に米軍と一体となった軍事作戦をおこなう場合は、やはり情報収集力・分析力に長けた米軍の事実上の指揮下に入るのではないだろうか。

「安保三文書」の「国家防衛戦略」でも、「我が国の反撃能力については、情報収集を含め、日米共同でその能力をより効果的に発揮する協力態勢を構築する」と、米軍とのより緊密な一体性をめざす方針が示されている。

具体的には、米軍が世界的規模で同盟国軍とともに進める統合防空ミサイル防衛（IAMD）の導入である。これはミサイル迎撃と敵基地などへのミサイル攻撃を一体的に運用するもので、敵からのミサイル攻撃を未然に防ぐための先制攻撃もふくむ。攻撃対象は敵基地だけでなく、指揮統制機能やインフラ（道路・鉄道・港湾など）もふくむとされる。米軍と自衛隊の連携はより強化される。日米間の情報共有も進むが、偵察衛星などの情報収集ネットワークを持つ米軍側が主導権を握るだろう。迎撃と攻撃の両面で日米一体化が進む。

このように「反撃能力」という名の敵基地・敵国攻撃の作戦においても、やはり情報収集力・分析力で米軍が上位に立つ。政府は国会答弁で否定しているが、結局は自衛隊は米軍の事実上の指揮下に入ることになるだろう。集団的自衛権の行使の名のもと、自衛隊が米軍の指揮下で長射程ミサイルの先制攻撃をすることにもなりかねない。これでは日本が戦争に引きずり込まれてしまう。

「米軍が事実上、自衛隊を指揮するという『三矢研究』のコンセプトは、いまなお生きているのです」と、内藤は強調する。

なお恵庭事件裁判では一九六七年三月二九日、自衛隊法が合憲か違憲かの憲法判断は回避したうえで、通信線は防衛用器物にはあたらないとして無罪判決が言い渡された。検察側は控訴せず、無罪が確定した。

米軍の核兵器の持ち込みと使用も想定

このような日本側の対米追従の姿勢は、「三矢研究」の核兵器使用をめぐる項目にも表れている。そこでは、米軍による核兵器の使用は、「全面戦争への発展の危険性、わが国の国是、国民感情等」からして、「なし得る限り回避することが望ましい」としながらも、核兵器の日本持ち込みとその使用も、日米両政府の協議と合意にもとづいて、あり得るとしている。

そして、第二次朝鮮戦争の勃発とその日本波及に対処する研究内容にもとづき、国家非常事態における「閣議決定」のひな型としてまとめられた「韓国情勢の推移に伴う国策要綱（要旨）」——。そこには次のように、核兵器の持ち込みと使用を、結局は容認する衝撃的な一文が盛り込まれている。

「将来核兵器の日本国内持ち込みが、ただちに必要な情勢となった場合は、持ち込まれた核兵器の使用に関しては、事前に必ず日米両国政府の完全なる合意を必要とする条件のもとに承認する予定である」

また同研究の「米軍の極東戦略構想」という項目にも、「日本に対する武力侵攻に際しては日米安全保障条約に基づき日米共同してこれを排除する」としたうえで、核兵器の使用について米軍の方針がこう書かれている。

「核兵器は侵略抑制の手段としてこれを確保する。また状況真にやむを得ず他に手段がないと判断した場合は、これを使用することがある」

さらに、前出の自衛隊統合幕僚会議の「昭和四十年統合年度、戦略見積——資料」にも、「核戦力の支援」すなわち米軍の核兵器使用を前提にした日米の共同作戦について、次のような記述がある。

「作戦準備は、核脅威のあとに行われる非核の局地戦形態の作戦に対処することを主眼として実施するが、核戦に対処することを併せ考慮する」

「外部からの武力攻撃に対しては、米軍と緊密に協同してこれを排除する。この場合、自衛隊は主として作戦の守備面を担当し、その他は米軍に期待するが、守勢面の作戦についても極力米軍の支援をうるに努める。作戦実施の間、必要な場合、核戦力の支援を得るものとする」

日本が核戦争の戦場と化す危険性

このように日本側は最終的に、核兵器の持ち込みと使用を認める立場をとると想定されていたのである。しかし、米軍が核兵器を使用すれば、ソ連軍の核兵器による反撃が当然なされる危険性も想定されていた。

つまり日本が核戦争の戦場と化して、破滅的な被害を受けることも織り込みずみの戦争シナリオ、戦争計画なのである。広島・長崎の惨劇の再現を呼び込むような、背筋も凍る想定としか言いようがない。

「三矢研究」などにみられる日米共同作戦プランの根底には、軍事優先の発想がある。勝利のためには、一般民の被害もやむをえない犠牲として計算に入れたうえで、作戦が立てられるのである。それはまさに「軍の力学」が共同作戦プランの根底に流れているからだ。半藤も前出の「あばかれた三矢研究」で、米軍の「核兵器の持ち込み」を認める「三矢研究」の内容は、「日本政府の最高政策を、軍の力学によって勝手に踏みにじっていた」と告発している。この「最高政策」とはむろん、核兵器の保有・製造・持ち込みを否定する「非核三原則」として表明されるところのものだ。

「三矢研究」の問題を国会で追及した岡田春夫議員も、米軍の核兵器の日本持ち込みと使用に関するその内容を、自著できびしく糾弾していた。

「国是たる『非核三原則』は、どこへ行ってしまったのか。このような想定が、制服組を中心に自衛隊、防衛庁の内部でなされていることを知らされて、慄然《りつぜん》とするのを禁じえなかった」

――『国会爆弾男・オカッパル一代記』

こうした米軍の核兵器の持ち込みと使用がもたらす、日本の核戦場化の危険性は、決して過去の話ではない。

『琉球新報』（二〇一九年一〇月三日朝刊）の記事「沖縄に新中距離弾配備、米計画2年内にも」など各種報道によると、米軍は沖縄をはじめ日本国内に中距離弾道ミサイル（射程五〇〇～五五〇〇キロ）の地上配備を計画しているという。中国やロシアのミサイル戦力に対抗するものとみられる。しかも中距離弾道ミサイルには、通常弾頭だけでなく核弾頭の搭載も可能である。

有事には沖縄に米軍が核兵器を再持ち込みできる日米の「沖縄核密約」（一九七二年）もある。

一九五八年の「第二次台湾海峡危機」（台湾支配下の金門島・馬祖島に中国側が砲撃し、台湾側も中国軍艦を攻撃。米軍は空母などを台湾海峡に急派し、台湾側の物資補給の護衛などをした）の際、米軍は中国本土の空軍基地への核爆弾攻撃を検討していた（『朝日新聞』二〇二一年五月二四日朝刊）。「三矢研究」などにみられる対米従属性がこのままさらに続き、日本が米軍の中距離弾道ミサイル配備を受け入れ、台湾有事などで日本側が最終的に、米軍の核兵器の持ち込みと使用を認める立場をとるなら、最悪の場合、中国からの核ミサイルによる反撃もあり得る。日本の核戦場化と破滅的事態の危険性は高まるばかりだ。

「『三矢研究』のコンセプトはいまなお生きている」

恵庭事件裁判で「三矢研究」の詳細な分析に取り組んだ弁護士、内藤の示唆に富むこの言葉を、あらためて見つめなおしたい。

そして松本も、一九七一年の講演録「世事と憲法」と、七二年の講演録「改憲の道は悲惨へ続く」で次のように、「三矢研究」がけっして過去の遺物ではないと警告の言葉を発していた（『松本清張社会評論集』）。

「『三矢作戦』はだいぶ古い話じゃないかとおっしゃる方があるかも知れませんが、あれは議会で暴露されて、そして一応ほうむられたように思われるかも知れませんが、なかなかどうしてあれはれっきとして生きております。しかも国会で暴露されておりますから、今度は非常に慎重に、秘密に、そして前の原案をもとにしてさらに綿密なきめの細かいくわしい作戦計画ができていると私は推理しております」

「この三矢計画の机上作戦の精神はその後も形を変えながら現在まで続いていると思います。まさにこの計画こそ、第九条の戦力不保持、戦争放棄を骨抜きにする、そして日米安保条約による日米共同作戦を具体的な形で実行するものなのです」

米軍の事実上の指揮下での共同作戦

前出の安保法制に合わせてできた米軍と自衛隊の「共同運用調整所」は、二〇一五年四月に日米両政府が合意した「日米防衛協力のための指針」（第二次日米新ガイドライン）にもとづいている。

同指針は日米共同の軍事作戦・戦争計画といえるもので、集団的自衛権の行使を前提に、「アジア太平洋地域及びこれを越えた地域」という、グローバルな舞台での「切れ目のない、力強い、柔軟かつ実効的な日米共同の対応」をめざしている。

自衛隊による米軍の武器等の防護、米軍部隊員の捜索・救難、機雷掃海や軍艦の護衛、弾道ミサイルの迎撃と情報交換、補給・輸送などの後方支援（兵站）といった作戦での協力を掲げている。地理的な制限を設けず、世界中どこでも、米軍の軍事作戦に自衛隊が協力する態勢づくりが目的である。それは、「日本国の施政下にある領域」と「極東」を地理的対象とした、本来の日米安保条約の枠組みを踏み越えており、安保条約違反ともいえる。この指針の内容を法制度化し実効性を持たせたのが、安保法制である。

日米同盟をアメリカとイギリスの同盟のような共に〝血を流す〟同盟へと変え、自衛隊を補完戦力として使いたいアメリカの戦略と、それに呼応して軍事大国化をめざした当時の安倍政権の思惑が一致した結果の法制度である。

「共同運用調整所」は平時から戦時まで切れ目なく米軍の事実上の指揮下で、米軍と自衛隊の共同作戦が実施できる態勢をとっている。朝鮮半島有事などを想定した日米共同統合指揮所演習も、横田基地などを中心におこなわれている。

「日米防衛協力のための指針」にもとづく「共同計画策定委員会」という機関もあり、米インド太平洋軍司令部、在日米軍司令部、自衛隊統合幕僚監部など米日の制服組を中心に、共同軍事作戦計画を作成し、情勢に応じて更新している。

いずれの調整・連携レベルにおいても、戦力・情報力の面でアメリカ側が格段に上であり、主導権を握っている。したがって米軍が事実上、自衛隊を指揮することになろう。

米軍が自衛隊を指揮する「日米指揮権密約」

実はすでに一九五二年（昭和二七年）には、有事に自衛隊（当時は警察予備隊）が米軍の指揮下に入るという「日米指揮権密約」も結ばれていた。アメリカ側の強い要求のもと、当時の吉田茂首相とマーク・クラーク米極東軍司令官が秘密の口頭了解によって結んだものである。憲法史学者の古関彰一が一九八一年に、アメリカ国立公文書館でのアメリカ政府解禁秘密文書の調査を通じて明らかにした。
「日米会談で甦る30年前の密約（上）――有事の際、自衛隊は米軍の指揮下に」（古関彰一著／『朝日ジャーナル』一九八一年五月二二日号　朝日新聞社）によると、一九五二年四月二八日、対日講和条約（サンフランシスコ講和条約）と日米安保条約と日米行政協定（現地位協定）が発効し、日本は独立を回復した。しかし、独立とは名ばかりで「実質的には占領の延長」でしかなかった。米軍は占領軍から駐留軍へと「看板を塗り替えたにすぎず、『基地』はそのまま残り、沖縄では依然占領状態はつづいて」いた。

その名ばかりの「独立」から三ヵ月後の一九五二年七月二三日、日本駐留の米極東軍司令官マーク・クラーク大将はロバート・マーフィー駐日大使とともに、吉田茂首相と岡崎勝男外相を自邸に招き、「重大な合意をとりつけることに成功」した。その内容を報告する同年七月二六日付のクラーク司令官から米軍の統合参謀本部あて機密文書（トップシークレット）には、次のように記されている（古関訳）。

「私は七月二三日夕刻、吉田氏、岡崎氏、マーフィー大使と自邸で夕食をともにしたあと会談した。私は、わが国政府が有事の際の軍隊の投入にあたり、司令関係に関して、日本政府との間に明確な了解が存在することが不可欠であると考えている理由を、ある程度詳細に示した。

吉田氏は即座に有事の際に単一の司令官は不可欠であり、現状の下では、その司令官は合衆国によって任命されるべきである、ということに同意した。氏はつづけて、この合意は、日本国民に与える政治的衝撃を考えると、当分の間、秘密にされるべきである、と表明し、マーフィーと私は、この意見に同意した」
——「日米会談で甦る30年前の密約」（上）

このようにアメリカ政府・米軍は、密約を通じてアメリカ側の「単一の司令官」による統一指揮権という特権を手に入れた。この秘密の口頭了解が交わされた一九五二年七月二三日は、自衛隊の前身で五〇年（昭和二五年）八月一〇日創設の警察予備隊を、「保安隊へと強化・拡大する保安庁法の成立（七月三一日）に、ほぼ見通しがついた」時期であった。したがってアメリカ側が「周到な準備の下に、日本の国会で保安隊設立が決まる時期を待って、日本側最高首脳陣に迫った密約であった」と考えられる（同前）。

なお、保安隊は一九五二年一〇月一五日に発足し、五四年七月一日に自衛隊へと改編された。

アメリカに従属する「日本軍創設計画」

このアメリカ側の「周到な準備の下に」とは、マーフィー駐日大使の着任に先立ち、「アメリカ政府部内で決定をみていた日本軍創設計画」の存在を意味している（同前）。

それは一九五〇年六月二五日勃発の朝鮮戦争が激化していた同年一〇月二七日、米軍（陸軍省）が作成した日米安保条約（旧安保条約）の草案中の重要な一節である。

「①この協定〔旧安保条約〕が有効なあいだは、日本政府は陸軍・海軍・空軍は創設しない。ただし、それらの軍隊の兵力、形態、構成、軍備、その他組織的な特質に関して、アメリカ政府の助言と同意がともなった場合、さらには日本政府との協議にもとづくアメリカ政府の決定に、完全に従属する軍隊を創設する場合は例外とする。

②戦争または差しせまった戦争の脅威が生じたと米軍司令部が判断したときは、すべての日本の軍隊は、沿岸警備隊をふくめて、アメリカ政府によって任命された最高司令官の統一指揮権のもとにおかれる。

③日本軍が創設された場合、沿岸警備隊をふくむそのすべての組織は、日本国外で戦闘行動をおこなうことはできない。ただし、前記の〔アメリカ政府が任命した〕最高司令官の指揮による場合は、その例外とする」(矢部訳)

――『日本はなぜ、「戦争ができる国」になったのか』矢部宏治著　集英社インターナショナル　二〇一六年

このように安保条約の草案づくりに関わった米軍上層部は、警察予備隊に始まる日本再軍備が今後発展していく際に、戦力の保持を認めない日本国憲法九条に対する例外規定を設けて、「アメリカ政府の決定に完全に従属」し、有事においては米軍の「最高司令官の統一指揮権のもと」で動き、その「最高司令官の指揮による場合」は、日本国外でも戦闘ができる軍事組織の創設をもくろんでいたのである。

結局、こうした米軍の要求は露骨すぎて、安保条約の条文には盛り込まれなかった。だが、

前出の秘密の口頭了解による「日米指揮権密約」を通じて、実質的に保安隊を、そして自衛隊を米軍の補完戦力として従属させることに成功したといえる。

この密約の存在は、一九五四年二月一七日、アメリカ議会の下院外務委員会極東・太平洋小委員会で、当時のジョン・M・アリソン駐日大使が証言した内容からも確認できる。同年二月八日にアリソン大使が当時の米極東軍司令官ジョン・ハル将軍とともに、吉田茂首相に離日の挨拶をしたときの会談の内容である（古関訳）。

「吉田首相はハル将軍と私とにたいし、在日米軍の使用を含む有事の際に、最高司令官はアメリカ軍人がなるであろうということには全く問題はない、との個人的な保証を与えました。しかしながら政治的理由により、これが日本において公然たる声明となった場合、現時点ではうまくないことは明白であります。ハル将軍はこの点に関し吉田首相から与えられた保証にきわめて満足し、将軍はなんら公然たる声明もしくは文書を要求しない、と述べました」

――「日米会談で甦る30年前の密約（下）――なし崩しにすすむ指揮統一の既成事実化」古関彰一著／『朝日ジャーナル』一九八一年五月二九日号　朝日新聞社

「統帥権」が事実上アメリカの手に

この「公然たる声明もしくは文書を要求しない」でアメリカ側が得た「保証」。それはまさに米軍の最高司令官による統一指揮権を、日本側が再度、口頭了解によって認めた密約にほかならない。

アリソン大使とハル将軍が吉田首相から重大な秘密の口頭了解を得た一九五四年二月八日は、「同年七月に発足することになる自衛隊設置の方針を政府が決定した直後」にあたる。そのことから、一連のアメリカ政府解禁秘密文書を発見した古関は、次のように結論づけている。

「つまり、アメリカ側公文書からみる限り、吉田首相は、保安隊設置、自衛隊設置のそれぞれ直前に、米駐日大使と米極東軍司令官に対して、二代にわたって密約を結んできたことになる。密約の時期と相手とを考えると、密約の存在および重要性はもはや否定できないものであり、その効力は現在に及んでいるといえよう」（同前）

前出の日米共同『ブル・ラン作戦計画』（一九六六年度）には、「戦闘状態突入後は、日米の最高司令部は、以後の作戦を合同で協議するが、指揮権については米側に所属する」と記され、米軍の自衛隊に対する指揮権すなわち統一指揮権が明らかにされていた。それは、この秘密の口頭了解による「日米指揮権密約」の存在を前提としたものにちがいない。

こうしてみると、第二章でふれた「統帥権の独立」という問題ともつながってくるのではないか。戦前、日本軍の最高指揮権すなわち統帥権は天皇にあったが、実質的には統帥権に関して天皇を補佐する陸軍参謀本部と海軍軍令部が、これを行使していたのが実態であった。それが「統帥権の独立」と称され、内閣も議会も口出しできない軍部の「聖域」をつくりだし、日本は戦争へと暴走していった。

戦後は、自衛隊法にもとづき内閣総理大臣が内閣を代表して、自衛隊の最高の指揮監督権すなわち統帥権を有するとして、文民統制が制度化された。戦前式の「統帥権の独立」は否定されたわけである。

しかし、有事に自衛隊が外国軍隊である米軍の指揮下に入る「日米指揮権密約」の存在から考えると、まるで「統帥権」が事実上アメリカ側の手に握られて、日本側は主体的に関与できない、変種の「統帥権の独立」のような状態になってしまうのではなかろうか。まさに外国軍隊による主権の侵害であり、独立国としてあってはならない従属状態である。

前出の自衛隊の高級幹部が言う、台湾有事で「自衛隊は米軍の後方支援を最優先する」という事態も、有事に自衛隊は米軍の指揮下に入るのであれば、当然の成り行きかもしれない。しかし、これでは台湾有事などの際、日本は主権国家として独自の判断ができず、結局はアメリカの戦争に巻き込まれ、戦禍をこうむることになってしまうのではないか。

このアメリカの戦略下での変種の「統帥権の独立」を容認したままでは、かつての軍部の「統帥権の独立」により戦争・破局へと引きずり込まれた昭和史の二の舞となってしまいかねない。

アメリカの戦争に加担する日本

このような自衛隊の対米従属性は、日本政府の対米追従の反映でもある。政府は二〇〇一年の9・11テロ事件後の米軍によるアフガニスタン攻撃と、〇三年のイラク戦争にともない、アメリカから要求されるままに自衛隊をインド洋へ、イラクへと派遣し、洋上給油や兵員・物資の空輸といった兵站支援をおこなった。

海上自衛隊の補給艦はテロ対策特措法（二〇〇一年）により、インド洋とアラビア海で、アフガニスタンでの空爆作戦などにも関わる米軍艦隊に燃料を洋上給油した。米軍の補給艦に給油された燃料の一部は、横須賀基地からペルシャ湾に向かう途中の米空母など、イラク戦争のために出動した米軍艦隊に間接給油もされた。

航空自衛隊の輸送機はイラク特措法（二〇〇三年）により、クウェートとイラクの間を往復し、武装した米兵を中心とする多国籍軍の兵員を多数運んだ。防衛省の資料によると、〇四年三月〜〇八年一二月、航空自衛隊が空輸した人員延べ四万六四七九人のうち二万三七二七人は米軍の兵員だった。ほかにオーストラリア軍、韓国軍、オランダ軍、ポーランド軍などの兵員が一四四七人。それとは別に各国軍の文官・契約職員・委託業者など五〇六一人、陸上自衛隊関連一万八八九五人、航空自衛隊関連一四〇七人、国連関係者二七九九人、外務省等関連一一四三人だった（「イラクにおける人道復興支援活動及び安全確保支援活動の実施に関する特別措置法に基づく対応措置の結果」二〇〇九年）。

このように、自衛隊による米軍への兵站支援すなわち戦争協力がおこなわれた。それは、米軍の空爆や地上部隊の作戦で殺傷され被害を受けたアフガニスタンやイラクの人びとから見れば、日本もアメリカの戦争に加担したことを意味する。つまり日本は戦争の間接的な加害者となったのである。日本人の多くにはその自覚はないかもしれないが、それが現実だ。

自衛隊は従来、日本の領土・領海・領空が攻撃されたときに対応する「専守防衛」のための、必要最小限度の自衛力とされてきた。しかし、二〇〇〇年代に入って、米軍への兵站支援・戦争協力の既成事実が積み重なり、海外でアメリカの戦争にも協力する組織へと変貌してきたのである。

アメリカ政府が二〇〇〇年代から特に、いわゆる「アーミテージ報告」などで日本に集団的自衛権行使の実現を迫ってきた狙いは、米日同盟を米英同盟のような共に〝血を流す〟同盟へと変えることだ。すなわち、ゆくゆくはイラク戦争やアフガニスタン戦争のような、アメリカ主導の有志国連合軍（多国籍軍）による武力行使に日本を参加させることにほかならない。

「戦争とはウソの体系」であるという言葉

しかし、アメリカがイラク戦争の理由としたフセイン政権の大量破壊兵器の脅威も、国際テロ組織アルカイダとの関係も実は嘘で、虚偽の情報操作だった。ところが、そうした重大な事実が判明しても、日本政府は自衛隊イラク派遣の妥当性をきちんと検証もせず、いまだにうやむやにしたままだ。

一事が万事で、政府の外交・防衛政策はアメリカ一辺倒になってしまっている。これでは集団的自衛権の行使の条件とされる「存立危機事態」などの判断についても、アメリカの戦略に引きずられるだけだろう。

しかもそうした判断を、アメリカと機密情報も共有しながら下す場となるであろう、国家安全保障会議（常任は首相・外相・防衛相・内閣官房長官）の記録は、特定秘密保護法による厚い秘密の壁で隠されている。半藤はこの特定秘密保護法を「戦時国家体制」につながるものだと、強く批判していた。

「国家機密を暴露したり、報道したりすると厳罰に処せられる。そもそも国や政権が何のために情報を隠そうとするのかといえば、その大半は、私たちの知る権利や生命財産を危うくするものばかりなんですよ。昭和史の事実がそれを証明しています」

——『そして、メディアは日本を戦争に導いた』

関東軍の謀略に始まる満州事変から敗戦にいたるまで、昭和の戦争の歴史は国家による秘密と虚偽の情報隠蔽・情報操作で満ち満ちている。国民は真実を知らされぬまま、戦火で生命の危険にさらされ、いのちも落とした。

そして、いま台湾有事を想定し、住民の犠牲も織り込んだうえで、南西諸島を舞台にした日米共同作戦の計画が、国民・市民の目の届かないところで密かにつくられている。

東京の下町、向島区（現墨田区）に生まれ育った半藤は、一九四五年（昭和二〇年）、中学生で海軍の軍需工場に勤労動員され、ゼロ戦の機関銃弾の検査に従事していた。そして三月一〇日の東京大空襲に遭い、家を焼かれ、炎の渦中を逃げまどい、九死に一生を得た。その体験から、次のような要旨の述懐を残している（『ナショナリズムの正体』）

〈「戦争とはウソの体系」であるという言葉が、ときどきふっと頭に浮かぶ。私が物心つく頃、この国は戦時下にあった。中国侵略戦争から太平洋戦争へ。挙国一致、八紘一宇《はっこういちう》、暴支膺懲《ぼうしようちょう》、自存自衛、鬼畜米英など、いま歴史を丁寧に学ぶと初めからウソの体系に組み込まれていたのだった。戦争が降伏で終わり、そのことを嫌というほど学ばされた私は、二度と騙《だま》されまいとするなら、何事も自分の目で見、自分の頭で考えなければと、真剣に思うようになった。昭和二十年三月十日朝、自分の家のあった惨たる焼け跡に立ち、まわりにいくつもの真ッ黒になってもはや人間とは思えない焼死体を見ながら、なかば呆然としつつ「もう生涯、〝絶対〟という言葉を使わないぞ」と思ったのは、二度と騙されないぞというそのことへの強い決意であった〉

こうした「決意」を元に、昭和史をさかのぼって探究、検証してきた半藤からの、それは現代に生きる私たちへのメッセージでもあろう。一人ひとり、懐疑精神と批判的視点を保って、世の中の動きを見る眼を磨こう、危機を煽る政治家やマスメディアなどにだまされることなく、何事も借りものではない自分自身の言葉で考え抜こう、という――。

第四章

軍隊が民主主義の脅威となった戦前昭和
自衛隊の国民監視と土地利用規制法

軍隊が民主主義の脅威になってはならない

第二章で述べたように、憲法九条に自衛隊の存在を明記するという自民党の「四項目改憲案」（二〇一八年）や、自衛隊を「国防軍」に改組するという自民党の改憲草案（二〇一二年）に対して、半藤一利は懸念を表し、反対していた。

その理由として、戦前昭和のように「軍事がふたたび政治の上に行ってしまいかねない」、すなわち軍事優先、軍事主導の国になってしまいかねない危険性をあげていた。ただでさえ難しい軍事組織に対する文民統制、「シビリアンコントロールがうまくできるのか」と危惧していた。

さらにまた別の言い方として、「自衛隊を軍に変えることに私が反対する理由」を、次のように説いている

「要するに陸軍は『武装クーデターが起こせる集団』なんですね。いまでも世界各国から武装クーデターのニュースが飛び込んできますが、あれはほとんどすべてが陸軍です。クーデターが起こせるということは、それだけ国内への発言力や影響力を増してくる。私が自衛隊を『軍』に変えることに反対している、最大の理由はそこです」

——『愛国者の条件』

この半藤の主張は、陸軍青年将校が蜂起した二・二六事件、海軍青年将校と民間右翼勢力などが起こした五・一五事件という、血なまぐさくも昭和史に刻まれたクーデターと、未遂に終

わったが、戦前昭和の政党政治を脅かした陸軍幕僚将校と軍首脳部の密謀による三月事件、陸軍幕僚将校と民間右翼勢力が企てた十月事件といったクーデター計画の史実も念頭においたものであろう。また、国家非常事態宣言による戦時体制の構築を考案した、自衛隊極秘の作戦計画「三矢研究」の存在も意識していたかもしれない。

もちろん半藤は、現在の自衛隊がただちに武装クーデターを起こす集団だと、決めつけていたわけではない。

「陸上自衛隊の方々が災害救助などに大変貢献されていることは、素晴らしいことですし、その必要性も大いに認めるところであります」と述べ、「現在の日本において武装クーデターなど考えられない、現実的にあり得ないという声が多いことは百も承知です」とことわったうえで、改憲して「自衛隊を軍に変える」リスクを、こう説明しているのである(同前)。

「私が言いたいのは『武装クーデターを可能にする仕組みをつくるな』ということです。いわゆる軍ができることによって『軍隊による安全』を国民は期待できます。同時に、『軍隊からの安全』を常に憂慮しなければなりません。軍隊が民主主義の脅威になってはならない。それが昭和史の教訓であります」

軍隊が実際に民主主義の脅威になったのは、昭和史上のまぎれもない事実である。半藤は、そのような歴史をくりかえさないためにも、改憲による自衛隊の「軍隊化」を許してはならないと訴えたのである。

自衛隊情報保全隊による国民監視

このように、「軍隊が民主主義の脅威になってはならない」という昭和史の教訓の観点から、警鐘を鳴らしていた半藤の危惧は、けっして思い過ごしではない。大いに気がかりとなることが起きているのも事実だ。

二〇〇七年六月六日、自衛隊による国民監視の恐るべき実態が明らかになった。日本共産党の志位和夫委員長が記者会見で、同党が独自に入手した自衛隊の内部文書にもとづき、「自衛隊による違憲・違法の国民監視活動」と告発。それがマスメディアで報じられたのである。

明らかにされた内部文書は二つで、陸上自衛隊の防諜部隊である情報保全隊が作成したものだ。「情報資料について（通知）」と「イラク自衛隊派遣に対する国内勢力の反対動向」である。文書の量はA４判で合計一六六ページもある。

前者は東北方面情報保全隊が二〇〇四年一月七日から二月二五日まで、青森・岩手・秋田・宮城・山形・福島の東北六県において監視・情報収集した記録（一部、〇三年一二月の分もふくむ）である。後者は情報保全隊本部が〇三年一一月二四日から〇四年二月二九日までの、全国各地での監視・情報収集の記録をまとめたものだ。

いずれも自衛隊のイラク派遣に反対する国民・市民の活動、すなわち街頭宣伝、ビラ配布、署名集め、デモ、集会などを主な対象としている。「イラク自衛隊派遣に対する国内勢力の反対動向」の冒頭には、監視・情報収集の趣旨として、こう書かれている。

「本件は、自衛隊イラク派遣に対する国内勢力の反対動向に関する全国規模のものを週間単位でまとめたものであり、今後の国内勢力の動向について分析の資とするものである」

情報保全隊は自衛隊の内部情報の保全、すなわち外部への漏洩防止を本来の任務とする。二〇〇三年三月二七日に発足した。前身の組織は調査隊という。全国を五つに分けた陸上自衛隊の各方面隊（北部、東北、東部、中部、西部）ごとに情報保全隊が配置され（北部方面は札幌、東北方面は仙台、東部方面は朝霞、中部方面は伊丹、西部方面は健軍の各駐屯地内）、本部は東京市ヶ谷の防衛庁（現防衛省）内におかれた。隊員の数は〇七年当時で約九〇〇人。〇九年八月に改組され、防衛大臣直轄の自衛隊情報保全隊となった。

情報保全隊の本来の任務は、「陸上自衛隊情報保全隊に関する訓令」（二〇〇三年三月二四日付）で次のように定められた。

「情報保全隊は、陸上幕僚監部、陸上幕僚長の監督を受ける部隊及び機関並びに別に定めるところにより支援する施設等機関等の情報保全業務のために必要な資料及び情報の収集整理及び配布を行うことを任務とする」

それを裏づけるように、調査隊を情報保全隊に改組するための「防衛庁設置法及び自衛隊法の一部改正法案」の国会審議においても、当時の中谷元防衛庁長官が、新設される情報保全隊の情報収集の業務の対象は、「あらかじめ防衛秘密を取り扱う者として指定をした関係者のみに限定する」と答弁している(二〇〇二年四月四日、衆議院安全保障委員会)。

このように情報保全隊はあくまでも自衛隊の内部情報の保全が本来の任務であり、その限りで必要な資料・情報を収集できるのである。自衛隊の内部情報の保全と関係のない国民・市民の活動を、監視・情報収集の対象にしていいはずがない。ところが、情報保全隊はそれを全国各地で密かにおこなっていたのである。

なお、中谷防衛庁長官は前出の答弁を補足して、自衛隊部隊の保全のため情報保全隊がおこなう業務を、次のように例示している(同前)。

「自衛隊に対して不当に秘密を探知しようとする行動、基地・施設等に対する襲撃、自衛隊の業務に対する妨害、職員を不法な目的に利用するための行動等、このような外部からの働きかけなどから部隊の秘密、規律、施設等を防護するために必要な資料及び情報を収集、整理し、所要の部隊に配布をする」

しかし、自衛隊イラク派遣に反対する街頭宣伝、ビラ配布、署名集め、デモ、集会、申し入れなどの活動のどこが、自衛隊に対する不当な秘密の探知や基地・施設などへの襲撃、自衛隊の業務の妨害、職員の不法な目的への利用にあたるというのだろうか。国民・市民に対する監視・情報収集は、情報保全隊の本来の任務から大きく逸脱している。

街頭宣伝・集会・デモなどの情報収集

たとえば前出の「情報資料について（通知）」の二〇〇四年（平成一六年）一月七日～一月一四日の記録の冒頭には、「本週間（16．1．7～1．14）、国内勢力による取組が26件（青森県13件、岩手県4件、秋田県3件、宮城県・山形県・福島県各2件）認められた」とあり、「発生年月日、発生場所、件名、関係団体、関係者、内容、勢力等」という項目を設けた詳しい一覧表を載せている。たとえば次のような記載がある。

「16．1．7　青森市　『自衛隊イラク派兵反対』街宣・署名活動（P系）　有事法制反対東青連絡会（P系）事務局（青森県労連東青地区労連）　同団体の2名は1月7日1735〔17時35分〕～1758〔17時58分〕の間、青森市内で自衛隊のイラク派遣に反対する街宣、署名及びビラ配布を実施　『許すなイラク派兵　憲法違反の有事法制発動反対』のノボリ、配布ビラに『自衛隊を戦場に送るな』の記載　P」

「16．1．8　山形市　事前情報に基づくイラクへの自衛隊派兵反対昼デモ結果について　有事法制を許さない山形県連絡会（P系）〔関係者氏名の記載〕　同団体は1月8日1220～1235の間、50名を集め、山形市内で自衛隊のイラクへの派遣に反対するデモを実

施　デモコース：山形市役所前～山形銀行右折～済生館病院～七日町商店街振興組合左折～AZ七日町～大沼デパート前～山形市役所前流れ解散　『イラクへの自衛隊派兵反対』、『イラクへの自衛隊派兵計画を直ちに中止しろ』等のシュプレ　P」

「16・1・11　柴田郡大河原町　船岡駐屯地周辺自治体の成人式における対象勢力の活動状況　新日本婦人の会大河原支部（P系）〔関係者氏名の記載〕（P町議）　同団体の3名は1月11日0915～1000の間、柴田郡大河原町内で実施された成人式会場で憲法前文および第9条が記載されたビラ配布を実施　配布していた町議による『今、自衛隊がイラクに憲法違反の海外派兵をしています。成人した人は憲法を良く読んで勉強する必要がある』との発言　P」

「15・12・9　仙北郡田沢湖町　仙北郡田沢湖町議会　同団体は、12月9日、12月定例議会でイラクへの自衛隊派遣反対関連の意見書を採択　P町議が強く採択を主張　地方自治体」

活動の場にまぎれこむ情報保全隊員

一覧表の記録のほとんどは、このように自衛隊イラク派遣反対の街頭宣伝・ビラ配布、デモ、集会、成人式会場でのビラ配布、自衛隊駐屯地への抗議・申し入れ行動、自治体議会での意見書採択に関するものだ。

「P」とは情報保全隊が共産党に対して付けた暗号である。「P系」は共産党系の団体、「P町議」は共産党所属の町会議員を指す。なお「S」は社民党、「GL」は民主党と連合、「NL」は新左翼、「CV」は市民運動といった各種の暗号を用いている。

一連の記録には、団体名、開始時刻と終了時刻、参加者数、街頭宣伝や集会での発言とビラの内容、デモのコースと横断幕やプラカードやシュプレヒコールの内容、関係者（主催団体の代表など）の個人名といった詳細な情報がふくまれている。情報保全隊員が私服姿で正体を隠し、それぞれの活動の場にまぎれこんで監視・情報収集をしたとみられる。密かに録音などもしていたのではないか。一種のスパイ行為ともいえる。

前出の記録中、「事前情報に基づくイラクへの自衛隊派兵反対昼デモ」とあるが、この「事前情報」とは何を指すのか。「情報資料について（通知）」には、「国内勢力の今後の取組予定」という項目があり、「集会・デモ」の名称、主催団体、日時、場所、参加人員の記載がある。「参加人員」の欄には「約200名（申請）」と記されたケースもある。おそらく主催団体がデモのために警察に申請した道路使用許可申請書の記載情報を、「事前情報」として公安警察などから得ていたのだろう。自衛隊と警察の連携がうかがえる。

そして記録の総括として、次のように記されている。

「これらの取組のほとんどは、自衛隊のイラク派遣に反対する宣伝活動であり、青森、岩手、宮城、及び福島の各県内では成人式の場に絡めた主に新成人者の獲得を企図したものと思われるP系の宣伝活動が認められた」

「これらの活動は、イラクへの自衛隊派遣基本計画決定以降空自先遣隊派遣に伴い、継続的にその活動を活発化させているものと思われる」

「また、地方自治体の動向として、イラクへの自衛隊派遣に反対する陳情書の採択等が2件確認された。引き続き、国内勢力による隊員（家族等含む）工作並びに隊員及び地方自治体の動向に注目する必要がある」

個人も特定する監視・情報収集の不気味さ

このような一覧表の記録が、全国五方面の各情報保全隊から東京の情報保全隊本部に定期的に送られて、前出の「イラク自衛隊派遣に対する国内勢力の反対動向」にまとめられたのである。

一週間ごとに、全国での自衛隊イラク派遣反対の活動について「方面、区分、名称・主催団体、行動形態、年月日、時間、場所、動員数、行動の概要」という項目を設けた詳細な一覧表が作成されている。監視・情報収集は全国約四一都道府県でおこなわれた。その分布図も添えられている。

監視・情報収集の対象とされた団体は二八九団体で、記録中に氏名が記されている個人は二一二人にも及ぶ（『市民と憲法を敵に回した自衛隊』週刊金曜日編集部著／『週刊金曜日』二〇〇七年六月一五日号　金曜日）。

「関連写真」として、街頭宣伝、デモ、申し入れ行動を盗撮した写真も二〇枚ほど添付されている。なかには特定の人物の顔を○で囲った写真もふくまれている。それぞれの活動の中心人物などを特定してマークするためであろう。監視・情報収集の不気味さが伝わってくる。

たとえば二〇〇四年一月一二日～一月一八日の週間一覧表には、計八六件の記録が載せられ、総括にあたる「国内勢力の動向に関するコメント・全般」には、こう書かれている。

「1．16（金）、防衛庁における陸自先遣隊の編成完結式、隊員・装備の出国及び17日（土）のクウェート到着という自衛隊イラク派遣における陸上自衛隊の具体的な動きが始まった。派遣自体が本格的に始まった今週は、先週と比べ、総数的に再び急激に増加するとともに、内容的にも、大規模人員を動員した集会・デモ、自衛隊イラク派遣に関連する駐屯地及び基地に対する抗議行動が、中方〔中部方面〕を筆頭に各地で行われた。その中でも、1．16（金）の防衛庁における先遣隊の編成完結式は、マスコミ等の注目を集めるとともに、国内勢力による抗議行動が多数行われた。しかし、先遣隊の編成完結式、隊員・装備の出国は、遅滞なく行われた」

情報保全隊は全国各地でくまなく、自衛隊イラク派遣に反対する活動に目を光らせ、警戒態勢をしいていたのである。

住民敵視のブラックリストづくり

「情報資料について(通知)」の一覧表をさらに見ていくと、自衛隊イラク派遣反対と無関係の活動に関する監視・情報収集の記録も載っている。たとえば次のとおりだ。

「1．9　青森市　『医療費負担増の凍結・見直し』街宣　青森保生協(P系：全日本民医連)　同団体は1月9日1215〜1250の間、同労組員16名で『医療費負担増の凍結・見直し』の街宣・署名活動及びOG配布を実施　P」

「1．9　青森市　『04国民春闘』街宣　県労連(P系)　同団体は1月9日1215〜1250の間、6名を集め、青森市内で『04国民春闘』と題する街宣を実施　P」

このほかにも、青森市での労働組合による「年金制度改悪反対」の街宣・署名活動、秋田市での「秋田小林多喜二祭・生誕100年記念小林多喜二展」などに関する記録もみられる。

いったい情報保全隊はなぜこのような活動までも監視・情報収集の対象としていたのか。おそらく政府の諸政策に日頃から批判的な政党、労働組合、市民団体などは、自衛隊の方針にも批判的だと見なして、警戒の対象と位置づけているのだろう。

だから、「その活動を継続的・網羅的に把握・記録化」し、収集した情報を今後の動向の分析に役立てようとしたとみられる(「自衛隊の国民監視差止訴訟」(後述)の原告と弁護団による「準備書面――陸上自衛隊情報保全隊の国民監視の実態」二〇〇八年一〇月二〇日付)。

さらに、「情報資料について（通知）」には「反自衛隊活動」という項目の記録もふくまれている。前出の「準備書面」によると、情報保全隊は「国民・住民の自衛隊に対する苦情申し入れを『反自衛隊活動（反自活動）』と位置づけ、苦情を申し入れた国民・住民の特定（割り出し）等の調査活動」までも実施しているのである。たとえば次のような内容である。

二〇〇三年一二月二二日、一六時一五分頃、宮城県の王城寺原演習場管理隊に、「射撃で家が振動する。射撃を中止してもらいたい」などの射撃騒音に対する苦情電話があった。情報保全隊はそれを「反自活動」と位置づけ、苦情電話した者を特定する調査をおこなった。その結果、「住宅地図等で申告した住所を確認したが該当の姓はなし」と記録されている。

二〇〇三年一二月二五日、一〇時二〇分頃、宮城県の大和駐屯地司令職務室に、「射撃騒音苦情及びテレビ受信料減免運動をほのめかす電話」があった。やはり「反自活動」と位置づけ、相手を特定する調査がなされた。「住宅地図等で申告した住所を確認した結果、4件の該当する姓を確認したが、住所の細部が不明のため特定には至らず」と記録されている。

二〇〇四年一月二二日、九時三〇分、宮城県の霞目駐屯地当直司令に対し、ヘリコプター騒音への苦情電話があったことを「反自活動」と位置づけ、発信者の男性の「氏名・住所・勤務先を特定して」記録した。

実に不気味な監視・情報収集の記録ではないだろうか。この一覧表には、苦情電話をした住民の氏名と住所が記されている。射撃訓練やヘリコプターの騒音に悩まされる住民が、もうがまんできないと、苦情の電話をかけてきたら、それを「反自衛隊活動」と一方的に決めつけ、氏名・住所・勤務先を探り、どこの誰だかを特定しているのだ。住民敵視のブラックリストづくりとしか言いようがない。自宅や勤務先を探られた本人が事実を知れば、背筋が寒くなるにちがいない。

さらに、この「準備書面」によると、情報保全隊は「自衛隊イラク派遣に関するマスコミの取材活動も監視対象」にしていた。「どのマスコミの誰が、自衛隊の誰にいかなる取材をおこなったか」だけでなく、自衛隊イラク派遣に反対する活動への「取材の有無等も監視対象」になった。マスコミが「自衛隊員に直接取材することも監視」されていた。

たとえば東北方面情報保全隊は、二〇〇四年一月一四日のイラク派遣反対の青森市内の街頭宣伝を取材した記者について、「AH記者の取材有り」と記録していた。また二〇〇四年二月二〇日に、テレビ局が陸上自衛隊福島駐屯地で隊員に対し、「自衛隊のイラク派遣について取材を実施した」との監視記録も残されている。

自衛隊の「竜作戦」というスパイ活動

このような自衛隊の国民・市民に対する監視・情報収集は、かなり以前からおこなわれていた形跡がある。松本清張が「三矢研究」について暴露した、『文藝春秋』連載「現代官僚論」の「防衛官僚論」に、それが出てくる。

松本は入手した自衛隊の極秘文書「航空幕僚監部防衛部、竜情報月間要約」にもとづき、自衛隊が一九六四年（昭和三九年）当時、地対空ミサイル「ナイキ」の部隊を置こうとしていた北九州で、「竜作戦という具体的なスパイ活動」をおこなっていたと告発している。部隊配備の有力候補地は福岡県内で、指揮本部が筑紫郡春日町（現春日市）、発射中隊が遠賀郡芦屋町、築上郡椎田町築城（現築上町）、久留米市高良台、福岡市雁ノ巣だった。

この「竜作戦」は、福岡県において「ナイキ」部隊配備への反対運動に力を入れる野党勢力、すなわち社会党（当時）と共産党とそれらの系列団体の動向、さらに平和団体や地元住民などの動向を探ったものである。下記のとおり、なまなましい監視・情報収集の記録がなされている。文中の「N」とは「ナイキ」ミサイルを指す暗号である。

「対象勢力の動向

①春日地区

七月三日、福岡市民会館において社会党主催で「柏正雄を激励する会」が開かれた。来賓として楢崎〔弥之助〕代議士が挨拶し、その中でN問題について発言あり、また集会中配布した資料の中にもN問題につきふれていた。

七月十七日、芦屋町内で福岡生保同五名が〝核兵器持込禁止、原水禁世界大会を成功させよう〟と放送して歩いた。

④久留米地区

七月×日、高良台周辺の部落民の中で久留米社会党地区事務局長山本米男にNについての話を聞こうという声が一部にあった。四地連が中心となって表面に出ないうちに自衛隊のほうでＰＲをする方針で臨み、阻止した模様である。

七月×日、地元警察の情報によれば、民青同筑後支部某がＮ陣地公式発表後も反対運動を実施すると語ったとのことである」

密かに「竜作戦」に従事する自衛隊員が私服姿で、社会党主催の集会や核兵器反対を訴える団体の街頭宣伝の場にまぎれこんだりしている様がうかがえる。「地元警察の情報によれば」という記述もあり、自衛隊と警察の連携も確認できる。

久留米市の高良台周辺では、住民の間に「ナイキ」基地反対の傾向がみられ、社会党と接触しそうな動きがあると情報をつかんだ自衛隊は、住民に基地受け入れの「ＰＲ」活動をし、反対運動が起きるのを未然に「阻止した」ようだ。「竜作戦」の「スパイ活動」で得た情報が活用されたことがわかる。

また、監視・情報収集の目は地方自治体の動向にも向けられていた。

「地方自治体
①春日地区——春日町議会㈳本田議員は、さきの三月議会以来、陣情組の防音工事の交渉が成功していないので、今度の議会にＮ反と併せて取り上げようと工作中であったが、上程の段階に至らなかった。その他の自治体ともＮ問題なし。
②築城地区——勝山町議会。去る三月二十一日、㈹光吉議員が提出した『地対空誘導弾

ナイキ基地建設に関する意見書』については廃案とした」

自衛隊は当時も、地方議会での反対意見書の採択に関して神経をとがらせていたようだ。地元対策が常に重視されていることがわかる。

本格的な諜報機関に向けた構想も

このように集まった情報をもとに、『「全般」の動向分析として次のように記されている。

「③七月九日社会党は、核武装阻止福岡県会議を結成したが、これによって、四・一七スト以降安保共闘解消の方向をうち出した社会党は、この組織の中核としてN問題（ナイキ）を具体的にとり上げる公算は非常に強い。

④本月間は、八月原水禁大会成功を目ざして日本原水協が各地区において平和行進、教宣活動を実施し、その中にN基地化反対を織りこんでいたが、N反対運動としては表立った動きは見られなかった」

同じように暗号を使ったり、反対運動に対し「国内勢力」や「対象勢力」などと名指して、監視・情報収集の対象とする敵対的な姿勢、隊員が集会などにまぎれこむ隠密行動スタイル、警察との連携、地方自治体の動きへの注視など、前出の情報保全隊の監視・情報収集と共通するものがみられる。

松本はさらに、陸上幕僚監部の極秘文書『三十八年度、陸上自衛隊指揮所演習』にもとづき、陸上自衛隊の東部方面隊が一九六三年（昭和三八年）当時、構想していた「スパイ活動」の計画も、次のように明らかにしている。


「情報機関――㋔秘密情報組織の平時準備の項。

――ⓐSF、方面特別情報班用の地誌の整備、すなわち協力者、信望者、実力者、連絡地等の地誌の整備は現在行われていないが、早急に行う要があろう。ⓑアジト、連絡点の設定。ⓒ定着潜入の準備。ⓓ要員の身分上の扱いの法規化。ⓔ要員の取得訓練。ⓕ特殊装備、特に通信機の研究開発。ⓖ秘密連絡法の研究とSOP化」


まさに「協力者」という情報提供者（スパイ）勧誘の工作や秘密のアジト設置、情報提供者との連絡地点の調整、情報収集の対象とする組織などへの身分を偽っての潜入、特殊な無線機の開発など、本格的な諜報機関を整備しようというものだ。

松本も、「平時から、警備警察〔公安警察〕も顔負けするスパイ組織を、東京を中心にやる計画である」と驚きをこめて述べている。

さらに北部方面隊では、スパイ活動の手を国外（当時のソ連領樺太、沿海州）にまで伸ばそうという構想もあった。

「海外諜報組織の構成
対象国の侵略企図及びその準備の進捗状況等に関する情報収集は、沿岸監視、通信情報等の間接的手段のみでは到底不十分であって、越境航空偵察及び諜報活動等の直接的手段が絶対必要と考えられるので、樺太及び沿海州方面に諜報組織を設定することに関し、中央において研究を進められたい」

この東部方面隊と北部方面隊の構想は、自衛隊中央の陸上幕僚監部への要請事項として提出されたものである。「中央において研究を進められたい」とあるのは、このことを指す。松本はこれら自衛隊の「スパイ活動」、「情報機関」や「海外諜報組織」の設置構想について、「危険な考えがみられる」と批判している。

かつて松本は一九二九年（昭和四年）三月、福岡県小倉で印刷所の見習い職人だったときに、八幡製鉄所で働く文学愛好仲間がプロレタリア文芸誌『戦旗』の配布を受けて読んでいたことから、八幡警察署の特高警察に目をつけられ、共産主義に染まった「赤色分子」の一員と疑われて、小倉警察署に検挙された。いわゆる「アカ狩り」である。

当時、松本は一九歳だった。十数日間留置され、竹刀《しない》で殴られる拷問も受けた。『戦旗』はたびたび発禁処分を受けながらも、小林多喜二の『蟹工船』や徳永直の『太陽のない街』などプロレタリア文学の代表作を掲載していた。松本も仲間から借りて読んでいたという。

このように戦前の国家権力による国民監視と言論・思想弾圧の歴史を身をもって知る松本の

眼に、自衛隊による野党や平和団体、労働組合、地方自治体、住民に対する監視・情報収集が、かつての特高警察や日本軍憲兵の姿と重なって見えたのではないだろうか。

また、自衛隊の「海外諜報組織」づくりの構想にも、かつて満州はじめ中国各地で謀略工作を重ねた日本軍特務機関（諜報機関）と同じ道をたどりかねない危うさを感じとったのではなかろうか。

なお、自衛隊には通称「陸幕二部別班」という陸上自衛隊の秘密諜報部隊があり、米軍の諜報機関とも連携しながら、国内での情報収集活動をおこなっている。さらにその活動は海外にまでひろがっているという（『自衛隊の闇組織』石井暁著　講談社現代新書　二〇一八年）。

「憲兵政治」復活への危機感

自衛隊情報保全隊による広範な監視・情報収集活動に、日本軍憲兵による国民監視・弾圧の歴史を重ね合わせる見方は、前出の「自衛隊の国民監視差止訴訟」の原告の間でも共有されていた。

この国家賠償請求訴訟は二〇〇七年一〇月五日、国（政府）を相手取って、情報保全隊の監視活動の差し止めと損害賠償（原告一人あたり一〇〇万円）を求め、仙台地裁に提訴された（第一陣）。原告は第六陣まで合わせて総勢一〇七人となった。東北六県在住で、情報保全隊による監視・情報収集の記録に実名が記されたり、監視・情報収集の対象となった団体の集会やデモなどに参加したりした人たちである。

「訴状」によると、原告たちは、情報保全隊による監視行為により、人格権、プライバシーの権利、知る権利、言論表現の自由、集会結社の自由、思想良心の自由、平和的生存権を侵害され、いちじるしい精神的苦痛をこうむったと訴えた。
「訴状」には、「『憲兵政治』復活の危機」という項目もあり、次のように原告たちと弁護団の危機感が示されている。

「わが国では、戦時下において、軍隊内の『憲兵組織』が強大化し思想弾圧など国民生活全体を監視するようになった悪しき歴史を有している。今回の自衛隊の国民監視活動がこのような『憲兵』による国民監視の復活さえ危惧させるものであり、歴史的反省を踏まえた行為とはおよそ認められない」
「とりわけ、戦前の特高、憲兵等による言論・思想弾圧を体験した原告らにとっては、『戦争』と『言論・思想弾圧』は表裏の一体関係にあることは肌身に染みて体感してきただけに、なおのこと、その見えざる監視活動や情報収集活動からの恐怖と苦痛は計り知れないものがある」

監視・情報収集の対象とされた原告たちが感じた不安、精神的苦痛、憤りは、たとえば「意見陳述書」のなかで、次のように語られている（『権力の闇に憲法の光をあてた9年』自衛隊の国民監視差止訴訟原告団・弁護団、自衛隊の国民監視差止訴訟を支援するみやぎの会編・発行　二〇一七年）。

「私は実名で監視されていました。巡回宣伝は追跡して監視され、参加人数や街宣内容が記録され、写真も隠し撮りされ、腹立たしさとともに本当に〝こわい〟と思いました」（風間幸蔵「司法の権威にかけ違憲判断を」）

「私が、自衛隊の監視の対象になっていると知ったのは、北秋田市のホテルにかかってきた電話からでした。その日は、核兵器廃絶国民平和大行進の県内行進中でしたが、驚きとともに、今もよみがえる不気味さは忘れられません。ホテルのロビーにいる人や従業員の中に、ひそかに私を監視している人がいるのではないか、と不安で落ち着きませんでした。こうした不安は、突然に、今でも、私を襲い、周りの人間を不信の目で見てしまうことがあります」（渡部雅子「日本国憲法は多様な意見を保障」）

「明らかになった自衛隊の国民監視記録を見て、『イラク戦争反対』や『イラク派兵反対』と意思表示する行動や人間が、自衛隊情報保全隊・国の監視対象になっているのは、多様な意見を封じることではないか、と民主主義の危機を感じました。情報保全隊の誰かに監視されているかもしれないということで私が感じた恐怖は、意見表明を萎縮させることにつながります。誰だって、国の監視対象になるのは嫌だからです」（同前）

「国民を監視対象にするということは、自国民を信頼せず、軍事行動の妨げになる存在としていると疑わざるを得ません。これでは戦前の憲兵と変わりがありません」（同前）

このような不安、恐怖、重苦しい圧迫感は、自衛隊という国家機関による監視の対象とされた当事者でなければわからないものだろう。もしも同じような立場におかれたら、やはり多くの人は萎縮の念にとらわれ、さらなる「反対」の「意思表示、意見表明」をためらってしまうのではないだろうか。

プライバシー侵害の情報収集は違法の判決

裁判で原告側は人格権、プライバシー、言論・表現の自由などが侵害されたことに加え、情報保全隊の監視・情報収集は自衛隊法などにも法的根拠がなく、行政機関保有個人情報保護法にも違反する違憲・違法な行為だと主張した。

一方、国側は「プライバシーの概念自体が不明確で、憲法で保障された権利と言い難い。情報保全隊の活動は国民の権利を侵害しない範囲で実施されている上、情報収集も必要な範囲内で、個人情報保護法の趣旨を逸脱していない」と反論した（『河北新報』二〇〇八年三月六日朝刊）。

二〇一二年三月二六日、仙台地裁は原告一〇七人のうち五人（地方議員四人、住民一人）について、自衛隊の「情報収集は人格権を侵害し、違法」と認め、国に計三〇万円の損害賠償を命じる判決を言い渡した。しかし、差し止めの訴えは却下した（『河北新報』二〇一二年三月二七日朝刊）。

判決は、「活動状況にとどまらず、氏名や職業、政党など思想信条に直結する個人情報を収集し、自己の個人情報をコントロールする権利を侵害した」と指摘したうえで、「情報収集の目的や必要性について、国側から具体的な主張はなく、情報収集は違法とみるほかない」と判断した。反対運動に参加した個人や団体の情報が記された文書は、「［イラク］派遣に反対する自衛隊への電話など、自衛隊しか知り得ない内容があり、情報保全隊が作成した」ものだと認定した。そのうえで、他の原告一〇二人については、「文書に個人情報の記載がなく、情報保全隊が個人情報を収集したとは認められない」として賠償請求を退けた（同前）。

差し止めの訴えについては、「差し止めを求める『表現活動の監視による情報収集等』が明確な用語ではないなど、対象が特定されておらず、不適法」と判断した（同前）。

原告側は、「自己の個人情報をコントロールする権利を人格権に位置づけた画期的な判決」と評価しながらも、「監視は人権侵害で違憲・違法と宣言すべきだった。差し止めの訴えを却下したことは一貫性を欠く」などとして、控訴する方針を示した（同前）。

二〇一二年四月六日、原告側（九四人）と国側がそれぞれ仙台高裁に控訴した。原告側は「国家による監視は国民の自由な表現活動への弾圧」だとあらためて主張した。国側は「［イラク派遣］反対活動は隊員に心理的混乱を生じさせる危険性があった」と反論し、情報収集の必要性を訴えた（『河北新報』二〇一六年二月二日夕刊）。

判決は二〇一六年二月二日に言い渡された。地裁判決でも損害賠償の対象となった原告の住民一人についてだけ、「公表していない本名や職業という情報を違法に収集され。プライバシーが侵害された」として、一〇万円の損害賠償を国に命じるものだった（同前）。

同じく地裁判決で損害賠償の対象となっていた他の四人については、地方議員として公の場で活動していたことを理由に賠償請求を認めなかった。差し止めの訴えはやはり「対象が特定されておらず、不適法」として却下された（『河北新報』二〇一六年二月三日朝刊）。

高裁判決は「イラク派遣反対運動の一部には実力行使を含むものもあり、自衛隊が情報収集することと自体は違法ではない」とし、違法性の認定には、①目的や必要性②収集・管理方法③情報の秘匿性などを総合的に考慮する必要があると判断した（同前）。

萎縮の空気から自由にものが言えない社会へ

この判決に対して原告側は、自衛隊の情報収集について「高裁も違法性を認めた点は画期的」で勝訴として評価する一方、賠償請求を「一人にしか認めないのは不当」だと批判した。国側の防衛省は「主張が理解されなかった部分があり、厳しい判決だ」との談話を発表した（同前）。

判決後、原告側は最高裁に上告したが、国側は上告を断念した。住民の一人に対する情報収集の違法を認めた高裁判決の確定を受け、原告側は記者会見を開き、「自衛隊が違法行為を認めたものであり、国民の基本的人権の擁護につながる重要な成果だ」、「安全保障関連法や特定秘密保護法の成立で、日本が戦争に向かって進んでいく道に防波堤をつくった」と、判決確定を評価した（『河北新報』二〇一六年二月一八日朝刊）。

その後、最高裁は二〇一六年一〇月二六日、原告側の上告を棄却した。原告団長で仙台市在住の写真家、後藤東陽（当時九一歳）は、「最高裁は戦争に向かおうとする政府を抑制しなければならない立場なのに、政治に引きずられた判断が出たのは残念だ。法の番人としての役割を捨てたと言わざるを得ない」と批判した（『河北新報』二〇一六年一〇月二九日朝刊）。

自衛隊情報保全隊のような国家機関の国民・市民に対する監視・情報収集は、プライバシーの侵害であるうえに、個々人の「意思表示、意見表明」を萎縮させ、言論表現の自由や集会結社の自由などを侵害する。基本的人権であるこれらの自由は、民主主義社会の基礎にあたる。その基礎を監視・情報収集の活動は確実に蝕む。

このような国家による監視・情報収集を許してしまえば、萎縮の空気がひろがって、自由にものが言えない社会になってしまいかねない。自衛隊はまだ軍隊そのものとはいえないが、国内唯一の武力を有する実力組織である。「軍隊が民主主義の脅威になってはならない」という、昭和史の教訓に根ざした半藤の言葉がリアルに響いてくる。

人権侵害につながる土地利用規制法

こうして裁判所は原告の一部に対する情報収集の違法性を認めた。だが、自衛隊情報保全隊の監視・情報収集の差し止めを求める訴えは退けた。情報保全隊の監視・情報収集の活動そのものは依然として続いているとみられる。それは防衛省の次のような国会答弁からもうかがえる。

二〇二一年六月八日の参議院内閣委員会。山添拓議員（共産党）が、前出の仙台高裁判決に言及したうえで、情報保全隊の「情報収集活動はいまはやめたのか」と質問した。松川るい防衛大臣政務官（当時）はそれに正面から答えず、はぐらかすようにこう答弁した。

「〔情報保全隊は〕業務を防衛省の所掌事務の範囲内でおこなっているが、個別具体的な活動内容については、明らかになった場合、支障をきたすことがあるから、お答えは差し控える」

「具体的な活動内容」について明かせない監視・情報収集の活動が、やはり密かに続いているようだ。

この山添議員の質問は、当時参議院で審議中の土地利用規制法案に関連したものだった。二〇二一年六月一六日に菅義偉政権のもとで成立し、二二年九月二〇日に岸田政権のもとで全面施行された同法の正式名称は、「重要施設周辺及び国境離島等における土地等の利用状況の調査及び利用の規制等に関する法律」で、土地規制法や重要土地等調査法などとも呼ばれる。

この法律は国家安全保障上重要とされる「重要施設」（自衛隊や在日米軍の基地、海上保安庁の施設、原子力発電所や使用済み核燃料貯蔵施設など原発関連の施設、自衛隊基地と隣接かつ自衛隊も使用する空港）の周辺約一キロ以内や、国境に関係する離島での土地・建物の利用を規制するためのものだ。

しかし、同法の運用にともない、土地・建物の所有者や賃借人などの住民が調査の対象となり、個人情報が収集され、場合によっては監視の対象ともされて、憲法で保障されたプライバシーの権利や思想・良心の自由などの侵害につながるおそれがあると、法案審議中から批判されてきた。山添議員の質問も、人権侵害につながる国家機関の監視・情報収集の実例として、自衛隊情報保全隊のケースをあげたものだった。

土地利用規制法では、総理大臣が上記の「重要施設」周辺約一キロ以内や国境に関係する離島を「注視区域」に指定できる。政府はその区域内の土地や建物の「所有者・賃借人に対して利用状況などを調査し、必要に応じて報告を求める。応じなければ罰金刑の対象」となる。「調査の結果、重要施設などの機能を阻害するか、その『明らかなおそれ』がある」と政府が判断した場合、「土地・建物の利用中止を勧告し、さらに命令する。従わなければ、懲役を含む刑事罰」が科せられる（「住民監視の危険〜土地規制法の問題点」小林武著／『琉球新報』二〇二一年九月二〇日朝刊）。

「注視区域」のうちで司令部機能を持つなど特に重要とされるところは、「特別注視区域」に指定され、上記の「注視区域」に対する規制に加えて、「一定面積以上の土地・建物の売買に届け出を義務づけ、無届けや虚偽の届け出には懲役を含む刑事罰」が科せられる。土地・建物の所有者に、政府が利用の中止などを勧告・命令することは、憲法で保障された「財産権」に対する制約となり、また「そこに住んでいる、また住もうとしている人の居住・移転の自由」も侵害する（同前）。

時の政府の判断しだいで運用される危険性

土地利用規制法は問題だらけの法律である。

政府は当初、この法律の必要性をこう説明していた。自衛隊基地周辺や国境に関係する離島の土地を、外国資本が購入し取得して基地など安全保障上重要な施設の機能が阻害されているので、それを防がなければならない――。

しかし、防衛省が二〇一三年度～二〇年度に二回、全国約六五〇ヵ所の自衛隊基地と米軍基地に隣接する約六万筆の土地を調査した結果、所有者は七万八九二〇人で、そのうち外国人が所有者とみられる土地は七筆だけだった（『しんぶん赤旗』二〇二一年五月八日）。

そして防衛省は、「これまで防衛施設周辺における土地の所有等により自衛隊や米軍の運用等に具体的に支障が生じるような事態は確認されていない」と認めた（二〇二一年四月一五日、参議院外交防衛委員会、土本英樹防衛省整備計画局長の答弁）。

つまり政府が主張する、外国資本の土地取得で基地機能が阻害されている事実はないと明らかになったのである。すなわち法律を制定する必要性と正当性を裏づける事実としての「立法事実」が存在しないのである。

前出の「住民監視の危険～土地規制法の問題点」の筆者で憲法学者の小林武は、本来なら、こうした「立法事実」がないことが判明した時点で、「法案は撤回されるべき」だったと指摘している。

次に、条文に書かれている用語の定義などがあいまいで、重要な事柄が法律に明記されず、内閣が制定できる政令や閣議決定による「基本方針」で決められる仕組みになっている。時の政府の判断しだいでどのようにでも解釈でき、運用できる危険性が高い。

条文には、「注視区域」の指定の要件となる「重要施設」のうち、自衛隊や在日米軍の基地、海上保安庁の施設が、それに該当することを明記してある。しかし、「その機能を阻害する行為が行われた場合に国民の生命、身体又は財産に重大な被害が生ずるおそれがある」という「生活関連施設」については、それが何を指すのか条文に明記せず、政令で定めることになっている。

その政令では、「生活関連施設」とは原子力発電所や使用済み核燃料貯蔵施設など原発関連の施設、自衛隊基地と隣接かつ自衛隊も使用する空港と定められた。しかし、政府は法案審議の国会答弁で、「国際情勢の変化、あるいは技術の進歩等に応じ、柔軟かつ迅速に検討を続ける」とし、鉄道や放送局なども「将来的に生活関連施設として定めることはありうる」と認めた（二〇二一年五月二六日、衆議院内閣委員会、木村聡内閣官房内閣審議官）

これでは生活関連の重要インフラだと政府が判断すれば、広範囲にいくらでも政令を改正して盛り込める。「注視区域」が歯止めもなくひろがってしまいかねない。「重要施設」の周囲約一キロという「注視区域」の範囲が、将来的に拡大されるおそれもある。

法律も「基本方針」もあいまいな点だらけ

また、「重要施設」などの「機能を阻害する行為」とは何かについてもあいまいである。条文には具体的に明記されず、閣議決定による「基本方針」で示すとしている。二〇二二年九月一六日に閣議決定されたその「基本方針」では、「機能阻害行為」の類型として七つの例をあげている。文中の「自衛隊等」の「等」には米軍もふくまれる。

「・自衛隊等の航空機の離着陸の妨げとなる工作物の設置
・自衛隊等のレーダーの運用の妨げとなる工作物の設置
・施設機能に支障を来すレーザー光等の光の照射
・施設に物理的被害をもたらす物の投射装置を用いた物の投射
・施設に対する妨害電波の発射
・流出することにより係留施設の利用阻害につながる土砂の集積
・領海基線の近傍の土地で行う低潮線の保全に支障を及ぼすおそれのある形質変更」

しかし、これらに限られるわけではない。「基本方針」にはこう書かれている。

「ただし、これらは例示であり、この類型に該当しない行為であっても、機能阻害行為として、勧告及び命令の対象となることはある」

これでは、いったい何が「機能阻害行為」にあたるのかはっきりしない。やはりあいまいなままなのである。法案審議中から、基地反対や原発反対のデモ、座り込み、望遠鏡やカメラなどを用いた継続的な基地監視、自衛隊機や米軍機の騒音など基地問題にともなう苦情・抗議など、住民・市民・労働組合・政党などによる活動が、恣意的に「機能阻害行為」と判断されかねない危険性が指摘されていた。「基本方針」でそれが解消されたとはとうていいえない。米軍基地が集中する沖縄はじめ全国各地の自衛隊と米軍基地の周辺地域では、不安と懸念の声があがっている。

政府は法案審議中の国会答弁で、「注視区域」指定の対象となる「重要施設」のうち「防衛関係施設」（自衛隊と米軍の基地）は五〇〇ヵ所以上あり、国境離島は四八四あると述べたが、具体的なリストは公表しなかった（『東京新聞』二〇二一年五月二九日）。

「特に沖縄の場合、県全体が実質的に規制対象となる。実際、いま沖縄では軍事基地強化が急進展しており、それに対する抗議・反対の動きを抑えることが、まずもってこの法に課せられた役割だといわれている」（「住民監視の危険～土地規制法の問題点」）。

「基本方針」には、「日常生活・事業活動として一般的な行為であり、通常、機能阻害行為に該当するとは考えられない」例が五つ示されている。


「・施設の敷地内を見ることが可能な住宅への居住
・施設周辺の住宅の庭地における住宅と同程度の高さの倉庫等の設置
・施設周辺の私有地における集会の開催
・施設周辺の商業ビル壁面に収まる範囲の看板の設置
・国境離島の海浜で行う漁ろう」

ここでは、前述の基地反対や原発反対のデモ・座り込みなどの活動は例にあがっていない。

実質的な白紙委任と変わらない

政府は法案審議中の国会答弁で、「座り込み、双眼鏡などを使った観察、プラカードの保管」は、「機能阻害行為」に該当しないと述べたが、「施設への機材搬入などを恒常的に妨害した場合」は、「機能阻害行為」として中止の「勧告、命令をおこなうことがある」と表明した（『毎日新聞』二〇二一年五月二二日朝刊）。

これは、基地のゲート前での座り込みなどを施設に対する恒常的な妨害と見なして、「機能阻害行為」と判断する余地を残した答弁といえる。「基本方針」で「機能阻害行為に該当するとは考えられない」例として、座り込みなどを明示していないのも、そのためかもしれない。

結局は「基本方針」で、「内閣総理大臣は、実際に勧告及び命令を行うか否かについて、個別具体的な事情に応じ、適切に判断する」と結論づけているように、すべては内閣総理大臣・政府の判断にゆだねられているのだ。

「基本方針」に、「機能阻害行為」として例示された七つの類型に「形式的に該当しても、個々の事案の態様、状況等によっては、勧告及び命令の対象とならないこともある」とあるのも、同じく内閣総理大臣・政府の判断にゆだねるということだ。

これでは政府への実質的な白紙委任と変わらない。

しかも、「機能阻害行為」に対する中止などの「勧告及び命令」に「正当な理由がなく」従わなければ、二年以下の懲役もしくは二〇〇万円以下の罰金が科せられる。だが、「機能阻害行為」の具体的な内容は、法律に明記されていない。ただ、閣議決定による「基本方針」にいくつかの類型が例示されるだけで、最終的には内閣総理大臣・政府の判断にまかされる。いったい何が処罰の対象になるのか明確になっていないのである。

これは「罪刑法定主義」にもとづく憲法第三一条（法定手続の保障）「何人も、法律の定める手続によらなければ、その生命若しくは自由を奪われ、又はその他の刑罰を科せられない」に違反している。

「罪刑法定主義」とは、犯罪の構成要件すなわち「犯罪として処罰するためには、何を犯罪とし、これをいかに処罰するか」を、「あらかじめ法律により明確に定めておかなければならない、という近代刑法上の基本原則」である（『日本大百科全書』小学館）。

その犯罪の構成要件が土地利用規制法には明記されていない。だから違憲の法律だと法案審議中から批判を浴びていたのである。

プライバシーや思想・信条の自由は守られるのか

さらに「基本方針」によると、政府は「注視区域」や「特別注視区域」の「土地等の利用状況を把握する」ため、土地・建物の「利用者その他の関係者について調査」をする。「機能阻害行為が行われることを防止するため」だという。

「利用者」とは、土地・建物の所有者や賃借人を指す。「その他の関係者」としては、「利用者」が法人である場合の「法人の役員」、土地・建物の相続登記がされていない場合の「被相続人」、「利用者」と契約して工事をおこなう「請負事業者」などが想定されている。

「その他の関係者」については法律や政令で明確に規定されず、「基本方針」の文中では「等」という表現が使われ、その範囲もあいまいである。調査対象が法人の役員だけでなく従業員などにもひろがりかねない。

また、利用者の家族や友人・知人までふくまれるおそれもある。なぜなら「基本方針」では、「家族や友人・知人が、土地等の利用者と共同」して「機能阻害行為を行っていると推認される場合」には、「その他の関係者」として調査の対象になりうると示されているからだ。政府の「推認」という外部からはうかがい知れない推測・判断によって、調査対象が恣意的にひろがってしまうのである。

調査は不動産登記簿を中心に、必要に応じて住民基本台帳、固定資産課税台帳、戸籍簿、商業登記簿、農地台帳、林地台帳、外国為替及び外国貿易法にもとづく報告、国土利用計画法にもとづく届出などの公簿などからの情報収集を基本としておこなうとされる。必要に応じて「利用者」の法人のホームページなどから公開情報も集める。必要に応じて土地・建物の現況調査、「利用者その他の関係者」に提出させる報告・資料（書面の送付を基本とする）による情報収集もおこなう。これらの調査は内閣府が関係省庁とも連携しながら実施する。

土地利用規制法の第三条は、同法の規定による措置の実施にあたっては「個人情報の保護に十分配慮」し、措置の実施は「必要な最小限度のもの」にすると定めている。そして、第七条と政令第二条で「利用者その他の関係者について調査」する際に集める情報は、「氏名又は名称、住所、本籍、国籍等、生年月日、連絡先及び性別」と定めている。「基本方針」でも、「思想・信条等に係る情報を含め、その土地等の利用には関連しない情報を収集することはない」としている。

これで「利用者その他の関係者」のプライバシーや思想・信条の自由は守られると、政府は示したつもりだろう。しかし、額面どおりには受け取れない。

「利用者その他の関係者」について収集する情報を、法律では「氏名又は名称、住所」としか規定しておらず、そのほかは政令で定めることになっている。だが、政令は必要に応じて改正できる。しかも政令なので閣議で決められ、国会での審議と可決が必要な法律改正はしなくてもいい。このような重要なことを政令にゆだねるのはおかしい。「その他の関係者」が法律でも政令でも規定されていないのと同様に、恣意的に情報収集の範囲が拡大されるおそれがある。

何が「必要な最小限度」かも規定されておらず、これも恣意的に拡大しうる。「土地の利用には関連しない情報」は収集しないと言いながら、では、「土地の利用に関連する情報」とは何かも規定していない。あいまいな幅を持たせているとみられる。これでは、土地の利用に関連すると政府が判断したら、場合によっては思想・信条などに関する情報も収集可能とする拡大解釈もできなくはない。

監視と密告のシステムづくり

「基本方針」には、「情報提供の受付体制の整備」という項目もあり、より広範な情報収集につながりかねない方針が、こう記されている。

「土地等利用状況調査の一環として、内閣府に、重要施設を所管する関係行政機関等、重要施設を運営する事業者、地域住民等から、土地等の利用状況に関し、現場の実態等に係る情報提供を受け付ける体制を整備する。こうした取組は、調査の充実を通じて、法の実効性確保にも資するものと考えられる」

「現場の実態等に係る情報提供を受け付ける体制を整備」とあるが、これはいわば監視と密告の勧めであり、そのシステムづくりだ。地域住民の間に疑心暗鬼と相互不信を生じさせることになるのではないか。

「現場の実態等」を把握し、「機能阻害行為」を防止するために、政府当局が疑わしいと目をつけた土地・建物と「利用者その他の関係者」を継続的に監視し、「氏名又は名称、住所、本籍、国籍等、生年月日、連絡先及び性別」以外に、職業、経歴、交友関係、検挙歴、犯罪歴、日頃の行動、思想・信条などの広範な情報収集が密かになされるおそれもある。そうなれば、プライバシーや思想・良心の自由や表現の自由の侵害につながる。

法案審議中の国会答弁で、政府が思想信条の情報収集は「想定していない」と説明しながらも、「調査の実務は関係機関に委ねるとし、公安調査庁や内閣情報調査室が調査を担う可能性も否定しなかった」（『毎日新聞』二〇二一年六月二日朝刊）のも気がかりである。

場合によっては「調査の実務」に、自衛隊情報保全隊や公安警察が関与する可能性もある。

前述のように、自衛隊情報保全隊はプライバシー侵害にあたる監視・情報収集をしていた前歴がある。公安警察が同様の監視・情報収集をしてきたのも周知の事実だ。

このように土地利用規制法は、実質的には政府への白紙委任と変わらない。時の政権の恣意的な運用・判断によって人権侵害が引き起こされる危険性がある。

半藤一利も戦前の国家総動員法を例にあげながら、政府への白紙委任につながる法律の害悪を口をすっぱくして強調していた。前出の『ナショナリズムの正体』でも、こう述べている。

「この〔国家〕総動員法が昭和一〇年代におけるナショナリズムの歪みの典型なんです」

「国家に全権を渡してしまった。そうなると、逃げ道がない」

第一章（P34）で述べたように、国家総動員法は具体的な内容は法律の条文で規定せず、帝国議会の協賛（承認）が不要な勅令（形式的には天皇の命令だが、実質的には内閣が制定できる）で定める仕組みだった。まさに政府への白紙委任である。

土地利用規制法も、条文はあいまいな点が多く、具体的な内容は内閣が制定する政令や閣議決定による「基本方針」で定める仕組みである。政府への実質的な白紙委任と変わらない。

土地利用規制法は半藤が亡くなったあと国会に法案が提出され、制定された。半藤が健在だったなら、国家に白紙委任をしてはいけないという昭和史の教訓に立脚して、きっときびしく批判していたにちがいない。

戦前の要塞地帯法の再来か

半藤は前述のように、国家への白紙委任につながる自民党改憲草案の緊急事態条項を指して、「昭和日本のいちばん悪いところを復権させようとしている」と批判していた。その際、例にあげたのが国家総動員法だった。

昭和日本・戦前日本の悪いところの復権といえば、土地利用規制法に対して戦前の要塞地帯法の再来だという批判も、法案審議中から寄せられていた。

要塞地帯法は一八九九年（明治三二年）に制定された。軍事機密の保護を名目とする法律である。要塞地帯を「国防の為建設したる諸般の防禦営造物の周囲の区域」と定め、要塞（軍事施設）周辺の区域での撮影、スケッチ、測量などを禁止し、要塞が見渡せる場所での家の新築や増築の禁止など建築物への制限も設けた。罰則としては一年以下の懲役もしくは一一日以上の拘留、または五〇円以下の罰金あるいは二円以上の科料が科された。

要塞から二五〇間《けん》（約四五五メートル）以内の区域を第一区、七五〇間（約一三六五メートル）以内を第二区、二二五〇間（約四〇九五メートル）以内を第三区と定めたが、一九四〇年（昭和一五年）の改正で、それぞれ一〇〇〇メートル、五〇〇〇メートル、一万五〇〇〇メートルに拡大された。

この法律により、軍事施設の周辺住民はもちろんのこと、「広く国民も軍関連施設の秘密保護を口実として、軍事情報一般から隔離」され、「国民生活は細部にわたって厳しい制約を受けること」になった。取り締まりに関しては、要塞司令官と軍事施設がある地域の各警察署との間で密接な連携がなされた（『有事法制とは何か』纐纈厚著　インパクト出版会　二〇〇二年）。

土地利用規制法は安全保障を名目に、「防衛関係施設」という名の軍事施設すなわち自衛隊と米軍の基地の機能を優先事項に据え、その周辺地域で国民・市民の権利に制限を加えるものである。要塞地帯法とも軍事優先の発想において通底している。「軍隊が民主主義の脅威になってはならない」という半藤の、昭和史の教訓にもとづく言葉は、さらに重みを増している。

このようなあいまいで危うい内容の法案が、衆議院と参議院合わせてたった二六時間ほどの審議時間で可決された。立憲民主党や共産党などが反対するなか、国会会期末の強行採決だった。政府・与党がかくも強引に成立を急いだ背景には、加速する日米軍事一体化の動きがあるとみられる。

第三章で述べたように、アメリカの対中国の軍事戦略にそって、台湾有事での軍事介入を想定した日米共同作戦計画が練られている。米軍と自衛隊の基地の共同使用も進んでいる。自衛隊のミサイル部隊配備が進む沖縄・奄美など南西諸島に、米海兵隊も高機動ロケット砲システムの軍事拠点を多数設ける計画があり、さらに米軍の中距離弾道ミサイルを日本に地上配備する構想もある。南西諸島はじめ日本列島が、日米軍事同盟による対中国のいわば要塞地帯と化すおそれが高い。

そのような動きに反対する声を封じる狙いも、土地利用規制法にはこめられているのではないか。多くの人が不安感から萎縮して、基地反対や原発反対の行動、意思・意見の表明をためらうようになりかねない。

二〇一二年末の第二次安倍政権の成立から続く、特定秘密保護法の制定、盗聴法（通信傍受法）の改正（盗聴対象の拡大など）、共謀罪を新設した改正組織犯罪処罰法の制定など、一連の治安立法の拡大、強化の流れのなかに、土地利用規制法も位置づけられる。有事法制、安保法制とともに、アメリカの軍事戦略にそった戦争のできる体制づくりの一環でもあろう。

松本清張が「防衛官僚論」で指摘し、憂慮していた「日本がアメリカの極東戦略網に身動きもならず組み込まれている」状況は、より深刻化している。

第五章

昭和日本を破局にみちびいた軍事膨張
大軍拡と軍事費の倍増は何をもたらすのか

大軍拡と軍事費の大幅増額への動き

二〇二二年七月八日、安倍元首相が銃撃され死亡した。事件後、岸田首相はすぐに独断で国葬をおこなうと決めた。だが、安倍元首相はじめ自民党の多くの国会議員と統一協会の積年の癒着の闇が次々と暴かれた。さらに国葬の法的根拠もなく、安倍元首相の業績に対しても世評は大きく割れた。世論調査でも国葬反対が多数を占めた。国葬は実施されたが、岸田政権の支持率は低下した。

しかし、そのかげで安倍元首相の置き土産ともいえる「反撃能力」、すなわち敵基地・敵国攻撃能力の保有に向けた大軍拡、防衛費＝軍事費の大幅増額への動きは、着々と進んだ。

二〇二二年九月一四日、浜田靖一防衛相はオースティン国防長官とワシントンで会談し、日米軍事同盟の強化を誓い合った。

浜田防衛相は二〇二二年末の「国家安全保障戦略」（外交・防衛政策を中心とした安全保障の基本方針）などの改定に向け、「反撃能力を含めたあらゆる選択肢を検討し、防衛力を抜本的に強化する。裏付けとなる防衛予算の相当な増額に向けて取り組む」と表明した。オースティン長官は「強い支持」を表し、「日米同盟の現代化や統合抑止の強化を共同で進めていきたい」と応じた。そのうえで、米軍と自衛隊が収集する軍事情報の共同分析、極超音速ミサイル迎撃技術の共同研究、有人戦闘機とネットワーク化して運用する無人機の開発など、具体的な日米間の協力を進めると確認し合った（『毎日新聞』二〇二二年九月一五日朝刊）。

このような日米軍事同盟の強化を前提に進められたのが、「国家安全保障戦略」「防衛計画の大綱」「中期防衛力整備計画」の「安保三文書」の改定で、最終的に「国家安全保障戦略」「国家防衛戦略」「防衛力整備計画」とまとめられて、二〇二二年一二月一六日に閣議決定された。

この改定に向けて、首相の開催による「国力としての防衛力を総合的に考える有識者会議」(以下、有識者会議)の初会合が、同年九月三〇日、首相官邸で開かれた。「安全保障環境の現状を踏まえた防衛力のあり方、防衛費の規模、その財源などを議論」するとされた(『朝日新聞』二〇二二年一〇月一日朝刊)。

会議のメンバーは日本国際問題研究所理事長(元駐米大使)、三井住友海上火災保険顧問(元防衛事務次官)、日本総合研究所理事長、総合科学技術・イノベーション会議議員、科学技術振興機構理事長、国際文化会館グローバル・カウンシル・チェアマン(元朝日新聞社主筆)、読売新聞グループ本社社長、日本経済新聞社顧問、三井住友フィナンシャルグループ会長、京大大学院教授の一〇名である。政府側は首相、防衛相、財務相らが参加した。

この初会合で岸田首相は、「現下の厳しい安全保障環境の中においても、国民の命と暮らしを守り抜かなければならない。あらゆる選択肢を排除せず、防衛力を抜本的に強化する」と述べた(『読売新聞』二〇二二年九月三〇日夕刊)。

この「防衛力の抜本的強化」が、敵ミサイル基地などに加えて敵国の「指揮統制機能等」(軍司令部、政府省庁、政府首脳の官邸など国家中枢)をも攻撃対象にふくみ得る「反撃能力」、すなわち敵基地・敵国攻撃能力の保有を意味し、場合によってはアメリカとの集団的自衛権の行使として先制攻撃もあり得ることは、第二章・三章で述べたとおりである。

それは従来の専守防衛を踏み越える軍事力の強化、軍備拡大で、日本の防衛政策を根本から転換させるものだ。中国の内陸部にまでも届く長射程のミサイルや極超音速誘導弾などの敵基地・敵国攻撃能力の保有は、他国に脅威を与える兵器であり、戦力の保持を禁じた憲法九条に反する。東アジアでの果てしない軍拡競争につながり、緊張と対立をエスカレートさせる。最悪の場合、戦火を誘発しかねない。沖縄など南西諸島はじめ日本全土がミサイル戦争の戦場と化すおそれも高まる。

いま企てられている大軍拡は、はたして岸田首相の言う「国民の命と暮らしを守り抜く」ことにつながるものであろうか。

国債を軍事費増額の財源とするのか

このような「反撃能力」＝敵国攻撃能力の保有に向けた大軍拡には、当然、莫大な防衛費すなわち軍事費がかかる。安倍元首相はじめ自民党内から、防衛費は対ＧＤＰ比二パーセント以上に増額（二〇二二年度の約五兆四〇〇〇億円を一一兆円以上に）との声があがったことから、岸田首相も同年五月の日米首脳会議でバイデン大統領に、「防衛費の相当な増額」を表明した。この対ＧＤＰ比二パーセント以上への増額が、もともとはアメリカから求められたものであることは、第一章でも述べたとおりである。

この財源問題は有識者会議でも議論された。内閣府が発表した有識者会議の趣旨でも、「自衛隊の装備及び活動を中心とする防衛力の抜本的強化」の検討とともに、「総合的な防衛体制の強化と経済財政のあり方について検討する必要がある」と特筆されていた。
岸田首相は、「防衛力の内容の検討、そのための予算規模の把握、財源の確保」の「3点セット」を重視して、有識者会議でも、「防衛力の強化は一過性のものではなく、一定の水準を維持・継続する必要がある。そのためには経済力の強化も不可欠だ」と発言した。官邸幹部も朝日新聞の取材に、「恒久的な財源は必要で、財政基盤の話はする」と語った（『朝日新聞』二〇二二年一〇月一日朝刊）。

いったい政府はこの財源についてどう考えるのか。

財源を確保するための選択肢は「①他の経費の削減②増税③借金（国債）」のどれか、またはそれらの「組み合わせ」となる。政府の歳出の最大項目である「社会保障費の切り下げは、高齢者を中心に反発を招く可能性が強く、現実味に乏しい」とみられた。また、消費税などの増税も国民の反発などを考えれば、容易にできることではない。そこでアイデアとして浮かんできたのが、「つなぎ国債」だった。それは、「まず国債の発行で財源を確保したうえで、将来の増税など返済財源の確保を法律で定める」やり方である（『朝日新聞』二〇二二年九月二七日朝刊）。

防衛費増額の財源については、すでに木原誠二官房副長官が二〇二二年九月一一日のテレビ番組で、「国債はダメだという立場は、私自身は取らない」と発言していた（『朝日新聞』二〇二二年九月一三日朝刊）。

また各種報道によると、安倍元首相も国債について、防衛費増額の財源とも関連して、「『財源は』国債で対応すればいい」「日本銀行というのは政府の子会社」「政府は日銀とともにお札を刷ることができる」といった主張を繰り返していた。つまり国債を日銀に引き受けさせるということだ。

増税など国民負担の増大が待っている

しかし、日本の国債残高（政府の借金）は二〇二一年度末の時点で約一〇〇〇兆円にも上る。「地方自治体も合わせた長期債務残高は、国内総生産（GDP）比二五〇パーセント超で世界最悪水準」となっている。この巨額の「財政赤字の大部分を日銀が事実上、穴埋めしている」のが実態である。それは二二年六月末の時点で、日銀が保有する国債の割合が四九・六パーセント、つまりほぼ半分にも達したことからもわかる（『朝日新聞』二〇二二年九月二二日朝刊）。

防衛費増額の財源に国債をあて、その国債を日銀引き受けとした場合、それは赤字国債であり、当然、政府の借金の増加、すなわち財政赤字と日銀財務のさらなる悪化を招く。防衛費が特別扱いされて、とめどない増額につながってゆく。歯止めを失ったその軍事費の膨張による日本の軍拡は、東アジアでの軍拡競争を加熱させるだろう。やがては増税や社会保障費・教育費などの削減といった国民負担の増大も待っている。

実際、前出の有識者会議の第一回会合の議事要旨には、軍拡を進めることを前提に財源について、「必要な財源を安定して確保していかなければならない。自分の国は自分で守るのだから、財源を安易に国債に頼るのではなく、国民全体で負担することが大変必要」、「国民に当事者意識を持って受け止めてもらい、財源に関しては幅広く負担してもらうことが大切」など、増税の必要性を強調する発言もみられた。

また、「つなぎ国債はいいとしても、恒久的な財源の確保が必要。既存の歳出の削減と併せて具体的な議論が急務」など、増税とともに、社会保障費もそこにふくまれる「既存の歳出」の削減による国民への負担のしわ寄せも論議にあがった。

そして二〇二二年一一月二二日、有識者会議が岸田首相に提出した報告書では、「反撃能力」（実質的な敵基地・敵国攻撃能力）の「保有と増強が抑止力の維持・向上のために不可欠である」と軍拡を認めたうえで、防衛費増額の財源として「幅広い税目による負担が必要」だと、増税の必要性がうたわれた。また、戦前・戦中に多額の国債を軍事費の財源とした結果、敗戦後のインフレで、国債を持っていた「国民の資産が犠牲になった」ことから、国債発行を防衛費増額の前提としてはならないとの指摘もあった。

自衛隊施設の整備や艦船の建造に建設国債をあてる財政上の大転換

ところが、自民党内からは早速「いまの政権に増税する体力があるわけがない」と、増税に否定的な声があがり、有識者会議の報告書について「議論の参考にするが、従うわけじゃない」と、軽視する発言も出た（『朝日新聞』二〇二二年一一月二三日朝刊）。

その後、岸田首相は同年一二月五日に、二〇二三年度〜二七年度の五年間の防衛費を総額で約四三兆円（現行の計画の約一・五倍の規模）と大幅に増やす方針を打ち出した。

それを受けて同年一二月一五日、自民党と公明党による与党の税制調査会は、防衛費増額の財源を、①法人税・所得税・たばこ税の増税、②防衛力強化資金（特別会計からの繰り入れ、大手町プレイスの売却益など）、③決算剰余金（従来の補正予算の財源の転用）、④政府の歳出改革（他の部門での歳出削減）によって確保することで合意した。

しかし、自民党内からは、増税は翌春にひかえる統一地方選に悪影響を及ぼすなどの懸念と反発の声がいっせいにあがった。そのため、与党の税制調査会は増税の時期をはっきり示さずに、二〇二四年以降の「適切な時期」として、判断を先送りせざるをえなかった。岸田政権は財源の裏づけが不確かなまま、大軍拡をどうやって進めるつもりなのだろうか。

今後おそらく与党内（自民党・公明党）では、国民の反発を招くことへの懸念をふまえ、防衛費増額の財源として当面は増税を避け、前出の「つなぎ国債」など、国債発行のプランが検討されることになるのではないか。

現に岸田政権は同年一二月、自衛隊基地の隊舎など施設の整備にこれまで認めてこなかった建設国債（道路などの公共事業用）をあてる方針をかためた。二〇二七年度までの五年間で一・六兆円程度を検討しているという（『朝日新聞』二〇二二年一二月一四日朝刊）。

さらに、建設国債を護衛艦や潜水艦など自衛隊艦船の建造にもあてる方針を岸田政権は打ち出した。これまで政府は、「戦前に戦時国債を発行して軍事費を膨張させた反省」から、戦後は建設国債を防衛費にあてない方針を保ってきた。だが、それがくつがえされ、艦船以外の「防衛装備品にも対象が広がれば、防衛費の無秩序な拡大につながるおそれ」がある（『朝日新聞』二〇二二年一二月二二日朝刊）。

そして、二〇二二年一二月二三日に閣議決定された二三年度当初予算案には、自衛隊施設の整備や艦船など一部の防衛装備品の経費として、建設国債四三四三億円が盛り込まれた。防衛費（軍事費）に国債をあてるという、戦後初めての財政上の大転換である。

日銀の国債引き受けが膨張させた軍事費

しかし、そもそも一九四七年（昭和二二年）制定の財政法では、第四条で健全財政主義にもとづき、国の歳出は原則として公債すなわち国債や借入金以外の歳入（税金など）を財源としなければならない、と定めている。例外として建設国債による公共事業費、出資金、貸付金の財源については、国会の議決を経た金額の範囲内で公債を発行できるとしている。

また第五条では、特別の理由により国会の議決を経た金額の範囲内のケースを除いて、公債の日銀引き受けを禁止している。国債の財源を日銀に求めることを原則禁じているのである。ところが、政府は特例法を設けて赤字国債の発行と日銀引き受けをできるようにしてしまった。

財政法は本来、国債という公債の発行と引き受け財源についてきびしい制限を定めている。それは「かつて日本の軍国主義政府が日銀引き受けの方法で公債を無制限に発行し、戦争や軍事力の強化をやり、インフレを起こして国民を苦しめたにがい経験」から設けられたものだ。「平和憲法を財政面から支えている規定」といわれている（『軍事費』島恭彦著　岩波新書　一九六六年）。

つまり日銀に国債を引き受けさせることで軍事費をかぎりなく膨張させ、軍拡と戦争に突き進み、破滅的な結末を迎えた昭和の負の歴史の教訓にもとづく規定なのである。

一九三一年（昭和六年）九月の満州事変後、戦費の調達と「昭和恐慌」救済のため公債の日銀引き受けによる発行が始まり、三五年度末の公債残高は九八億五四三〇万円に激増した。三七年七月に日中戦争が勃発し、四一年には太平洋戦争に突入すると、日銀引き受けの公債発行はとめどなく拡大し、四五年八月の敗戦までに約一一〇〇億円にも上った。四五年度末の公債残高は約一四〇八億円にまで達し、国民総生産（ＧＮＰ）を超える状態となっていた（『日本大百科全書』小学館）。

戦争と臨時軍事費特別会計

松本清張も『文藝春秋』連載「現代官僚論」の「大蔵官僚論」で、昭和史を振り返り、軍事費を公債発行でまかなうことの弊害と、それが戦争に結びつく問題にふれている。

「公債発行をやることの危険性の一つに、防衛費が増えるということがある。日本の財政は明治以来、景気の刺戟へのはけ口を兵器産業の振興に求めてきた。その結果が戦争だ」「国家予算編成について、『健全財政』という言葉がよく使われる。歴史的にみれば、平和時代の政策といってよい。国の財政の規模を縮小し、デフレ政策をとる」「これに対して『積極財政』というのがある。歴史的にみれば、それは常に、日本の軍国主義が海外に対する侵略を開始し、そして、戦争を通じてインフレの昂進を到来させ、増税をおこない、その結果、財政規模は野放し状態に拡大され、軍備という終わりのない消耗に国民の血と汗の結晶を注ぎこんで、なお、経済の混乱の収拾を計れない状態がそれである」

戦前・戦中昭和の日本は増税に加え、日銀引き受けの国債という公債発行により軍事費を膨張させ、軍拡と戦争を遂行した。その軍事費は国家予算のなかで特別扱いされ、最優先された。その仕組みが「臨時軍事費特別会計」であった。

それは戦争の始まりから終わりまでの期間を、一会計年度として扱う特別会計だ。政府の一般会計とは切り離して処理された。明治時代以降、日清戦争、日露戦争、第一次世界大戦およびシベリア出兵、日中戦争(日華事変)および第二次世界大戦の四度にわたって設けられた。

予算編成にあたって、臨時軍事費特別会計は軍事機密を理由に、大蔵省の審査も不十分にしかおこなわれず、議会にも予算の細目が示されなかった。そのため、申しわけ程度の審議で原案が可決された。「議会はおろか政府のコントロールも完全には及ばない特殊な軍事予算」であった(『アジア・太平洋戦争』吉田裕著　岩波新書　二〇〇七年)。

日中戦争および第二次世界大戦において臨時軍事費特別会計が設けられたのは、一九三七年(昭和一二年)九月。同年七月七日の盧溝橋事件に端を発する日中戦争の始まりから二ヵ月後のことだった。

当時の第一次近衛文麿内閣のもと、臨時軍事費二〇億二二〇〇万円と一般会計の追加予算四二〇〇万円が議会で可決された。そして、臨時軍事費特別会計法、臨時軍事費支弁のための公債発行に関する法律も成立した。さらに日中戦争の激化にともない、一九三八年二月、政府は一般会計の一年分の予算（三五億一四〇〇万円）をはるかに上回る四八億五〇〇〇万円の臨時軍事費の追加予算を、議会に提出した。それは無修正で成立した。臨時軍事費の財源の大部分は、公債（国債）と北支事件特別税でまかなわれた（『昭和の歴史5・日中全面戦争』藤原彰著　小学館一九八二年）。

一九三七年度〜四五年度は、一般会計による陸海軍省費と徴兵費が臨時軍事費特別会計に移されて処理された。その間の臨時軍事費特別会計の収入は総額一七三三億円で、その八六・四パーセントは公債と借入金であった。同期間の一般会計収入の累計は九四三億円だったから、その一・八四倍にも上る巨額の軍事費が積み重なったのである。その結果、一般会計と臨時軍事費特別会計の歳出の純計に対する軍事費の比率は、日中戦争期七三・二パーセント、太平洋戦争期七八・一パーセントにまで上昇したのだった（『戦後史』上　正村公宏著　筑摩書房　一九八五年）。

松本は前出の「大蔵官僚論」で、一九三七年からの戦争中に臨時軍事費特別会計から使った軍事費が、「一六五四億一三七七万円余」もの巨額に達したと、驚きをこめて述べている。

経済は完全に軍事一色と化した

臨時軍事費特別会計の収入は、「一般会計からの繰り入れのほか、鉄道・通信の官業収入、植民地である朝鮮、台湾、樺太、関東州の特別会計からの繰り入れ、特別税、軍事献納金」など多角的に調達された。政府は増税と徴税の強化にもつとめた（『戦後史』）。

一九四〇年四月には、政府は所得税・法人税・物品税・地方税・入場税等に関する税制改革諸法を施行して、税制を全面的に改革、恒常的に増税ができるようにした。だが、「莫大な戦費を増税だけで調達することは不可能」だった。そこで、政府は公債を発行することにしたが、当時「国際社会から孤立している日本は、外債を発行して資金調達」できないため、国債を国民に買わせることにした。「太平洋戦争が始まると給与の一部を国債にしたり、隣組に強制的に割り当てたり」することで、軍事費の増大にあてた（『アジア・太平洋戦争史』山中恒著　岩波書店　二〇〇五年）。

しかし、それらだけではまったく足りず、最大の収入源は日銀引き受けの国債や日銀などからの借入金となった。一九三二年六月、歳入補填公債発行に関する法律にもとづき、日銀が政府から国債を直接引き受けられる制度がすでにできていたので、それを用いたのである。日銀が国債を引き受け、「それに見合う日銀券〔貨幣〕を増発して政府支出の財源に充当する」というやり方だった。「国債発行高の七〇～八〇パーセント」をまず日銀が引き受け、あとで相当部分が民間金融機関に売られた（『戦後史』上）。

敗戦の前年である一九四四年三月末の時点で、国債の所有は「日銀を含む特殊銀行が一五・七パーセント、その他の銀行を含む金融機関全体が五六・三パーセント、〔大蔵省〕預金部を中心とする政府筋が二九・九パーセント、公衆およびその他が一三パーセント」となっていた

（同前）。

その一九四四年の末には、日中戦争が始まった前年の一九三六年末と比べて、「政府債務残高が一三・四倍、日銀保有の国債・債券と政府への貸上金の残高が一〇・四倍、日銀券発行残高は九・五倍」に膨れ上がっていた（同前）。

巨額の軍事費の多くは、「武器・弾薬など軍需資材の購入のため」民間の軍需産業に支払われた。日銀の国債引き受けによって、政府は公債発行をほとんど無限にできるようになっていた。こうした「赤字公債の発行額に見合って日銀信用は膨張し、通貨もそれにともなって増加し、インフレーションはますます昂進するという結果」となった。「戦争という至上命令のもとで経済は完全に軍事一色」と化し、「戦争財政の展開とともに諸物価はいっせいに上がり、インフレーション」は激しさを増したのだった（『太平洋戦争』林茂著　中央公論社　一九六七年）

戦後の超インフレーションで国債は紙くず同然に

軍事費の大部分を公債と借入金でまかなった結果、敗戦とともに政府は莫大な負債をかかえこんでいた。それは戦後、すさまじいインフレーションを引き起こすことにつながった。

この戦後の超インフレーションは、戦争終結後の「大規模な軍事支出」が引き金となって始まった。兵器など軍需物資の生産は停止したのだが、納入済みの軍需物資への未払い分、発注済み製品の生産停止による企業の損害への補償、軍人・軍属の退職金の支給など、臨時軍事費特別会計から「放漫な支出が終戦後に大規模」になされたのである（『戦後史』上）。

一九四五年八月一五日の敗戦から八月末までに支払われた臨時軍事費は、「陸軍省関係五五・五三億円、海軍省関係一九・七一億円、軍需省関係二二・一〇億円、合計九七・三四億円」にも上った。そのため「日銀券の大増発がおこなわれた。終戦前の四～七月、すでに日銀券発行残高は対前月比五・七～一三・九パーセント増という異常な速さで膨張」していた（同前）。

この超インフレーションにより「戦前・戦中の政府債務の実質価値が急減し、政府は巨額の債務者利得により、借金を踏み倒したのと同じ結果」になった。一方、「戦争中に国債をなかば強制的に買わされた国民は、戦後、何百分の一に減価した紙幣で国債の額面通りの償還を受けた」だけだった。「金融資産としての国債の実質価値はほとんどゼロに近くなり、債権の大部分を政府に没収されたのと同じこと」になったのである（同前）。

さらに敗戦により経済の戦時統制が解除され、「一挙に大量の貨幣が出回った」こともあり、超インフレーションのもと物価は急激に上がった。一九三四年～三六年の平均物価と比べると、四六年八月には二一倍に、四八年六月には一七二倍にも達した。「この物価高騰によって戦時中に累積した膨大な国債は紙くず同然」と化した。政府の「借金返済の負担は一挙に解決」された。一方、「物価の高騰は終戦直後の物資不足や食糧不足と重なって国民の生活を苦しめた」のだった（「戦前の国債大量発行の教訓」藤田安一著／『しんぶん赤旗』二〇二二年七月一九日）。

このように臨時軍事費特別会計という、議会も政府もコントロールできない「特殊な軍事予算」に、増税や国債の日銀引き受けと国民への強制的な割り当てなどによって、膨大なお金をそそぎこみ、大軍拡に走った戦前昭和の帰結が、敗戦と超インフレ、国債の「紙くず化」（政府による事実上の財産没収）、物価高騰だった。

国債の日銀引き受けを主要な財源とした軍事費の特別扱いが、大軍拡と戦争につながったのである。その結果、国民は多大な犠牲を強いられた。さらにアジア・太平洋地域の人びとにも多大な犠牲を強いることになった。

松本は「大蔵官僚論」で、戦争と結びついて破綻した当時の日本の財政の姿を、こう的確に表現している。

「日本の財政は、意識下には健全財政への意欲を持ちながら、常に、積極財政、つまり、戦争から戦争へ、増税から増税へ、デフレ政策とは逆の、インフレ政策による一時しのぎの連続であった」

「日清・日露の両役、それに第一次世界大戦、さらに高橋是清蔵相の健全財政への意図もむなしく、日華事変を経て第二次世界大戦、そして、破滅への道へと突き進んでゆくのである」

「軍部の圧力で戦争政策に奉仕した当時の大蔵官僚のエリートたちが、国民の生活を犠牲にした」

大軍拡につながる防衛省の概算要求

こうした軍事費と財政をめぐる昭和の負の歴史に対する反省の上に立って、戦後は公債の発行と引き受け財源についてきびしい制限を財政法で定めたのである。むろん臨時軍事費特別会計のような歯止めのきかない特殊な軍事会計も認めてこなかった。

一九四七年の財政法の制定当時に、大蔵省主計局法規課長で法案づくりにも関わった平井平治は、自著『財政法逐條解説』（一洋社　一九四七年）で、国債・軍事費・戦争の危険な三位一体の関係と、それを断ち切る憲法九条と財政法の意義を、こう説き明かしている。

「戦争危険の防止については、戦争と公債が如何に密接不離の関係にあるかは、各国の歴史を繙くまでもなく、我が国の歴史を観ても公債なくして戦争の計画遂行の不可能であったことを考察すれば明らかである」

「公債のないところに戦争はないと断言し得るのである。従って、本條〔財政法第四条〕は又憲法の戦争放棄の規定を裏書き保証せんとするものであるといい得る」

しかし、最近の「反撃能力」＝敵基地・敵国攻撃能力の保有に向けた大軍拡への動きは、この負の歴史に対する反省をないがしろにするものだ。それは二〇二三年度の予算編成に向けた防衛省の概算要求にも表れた。

防衛省は二〇二二年八月三一日、過去最高の五兆五九四七億円もの概算要求を計上した。しかも、その時点では金額を示さない「事項要求」が一〇〇件以上もあり、最終的には六兆円を大きく上回るとみられた。

岸田政権はこの概算要求で、「防衛費を他省庁の予算と区別し、歳出抑制を求めない例外扱いの『聖域』」とした。それが「事項要求の急増」につながった。防衛省幹部は「これほど〔事項要求が〕認められたのは過去に例がない」と語った（『東京新聞』二〇二二年九月一日朝刊）。

こうした防衛費の特別扱いの「聖域」化は、戦前昭和の臨時軍事費特別会計を連想させずにはおかない。「他省庁の予算と区別し、歳出抑制を求めない」防衛費の「聖域」化は、軍事費の限りなき膨張へと道を開くことになる。軍事膨張が最終的に悲劇を招いた昭和史の教訓に照らすと、いかにも危うい。

敵基地・敵国攻撃能力を有する兵器の取得

この防衛省の概算要求で目立ったのが、「スタンド・オフ防衛能力」なるものだ。防衛省は「相手の〔射程外の〕遠方から攻撃することで自衛隊員の安全を確保する」と説明したが、相手の「ミサイル拠点などをたたく敵基地攻撃能力の有力な手段」にも転用できる攻撃性の高い兵器の配備を進めることにつながる（『朝日新聞』二〇二二年九月一日朝刊）。

具体的には次のような兵器があげられた。奄美大島や宮古島の陸上自衛隊ミサイル基地にも配備されている、国産の一二式《ひとにしき》地対艦誘導弾（ミサイル）の射程を現在の約二〇〇キロから中国の本土にまで届く一〇〇〇キロ程度に延ばす能力向上型への改良と量産。地上発射型だけでなく艦艇や戦闘機からも発射できるように改良する。実質的に対地攻撃に使えるようになる。

この長射程ミサイルを政府は一〇〇〇発以上も保有する方針を立てたとも報じられている（『読売新聞』二〇二二年八月二一日朝刊）。

F15戦闘機を改修して搭載できるようにするアメリカ製の空対地ミサイルJASSM（射程約九〇〇キロ）と、F35戦闘機に搭載予定のノルウェー製の空対艦・空対地ミサイルJSM（射程約五〇〇キロ）も取得する。

島嶼部に上陸した敵部隊を攻撃する国産の島嶼防衛用高速滑空弾（地対地ミサイル。射程四〇〇キロ以上）の開発と早期装備型（射程約四〇〇キロ）の量産。開発予定の能力向上型は射程二〇〇〇～三〇〇〇キロにも及ぶ。

音速の五倍以上の高速で飛ぶ国産の極超音速誘導弾（地対地ミサイル、ミサイル射程二〇〇〇～三〇〇〇キロ）の開発。

さらに、アメリカ製の射程約一六〇〇キロでイージス艦や潜水艦などから発射できる巡航ミサイル「トマホーク」を四〇〇発も購入し配備する。

しかし、「トマホーク」はアフガニスタン攻撃やイラク戦争などでも米軍が多用し、先制攻撃による破壊力・殺傷力を象徴する悪名高き兵器でもある。民間人も巻き込む戦禍を引き起こしてきた。それを自衛隊も保有するとなれば、攻撃性をむきだしにした負のイメージを国際的にもひろめかねない。

敵基地・敵国攻撃能力を有する兵器の取得は、本来その是非について国権の最高機関、国会でまず議論されるべき事柄である。それが長年の専守防衛政策からの転換につながり、違憲の軍備と考えられる問題だけになおさらだ。ところが、防衛省の概算要求による先取り、既成事実づくりが進んだのである。

元防衛省運用局長で、小泉純一郎政権では内閣官房副長官補（安全保障・危機管理担当）を務めた、安全保障問題の専門家、柳澤協二は防衛省の巨額の概算要求について、東アジアでの無限の軍拡競争と日本の財政破綻を招くと、次のように危機感を表した（『東京新聞』二〇二二年九月一日朝刊）。

「過去最高額の予算要求だが、増額の大半は米国から爆買いした装備のつけ払いと、取得した装備の維持費だ。予算が増えた分だけ『強くなった』と錯覚してはいけない。極超音速兵器など今後開発すべき項目も多い。これらが実戦配備されるころには相手はもっと強くなっている。こうして、無限の軍拡ループに陥ることになる。借金まみれで少子化が進む日本がそれに耐えられるのだろうか」

「国力の限界を見極め、足らざる部分を外交力で補って、何としても戦争を回避する決意がなければ、軍備の重圧で国が滅びる心配がある」

前出の「安保三文書」でも、長射程ミサイルの保有などこうした大軍拡の方針が打ち出された。それにもとづき大軍拡のための二〇二三年度予算も成立した。将来、日本がこの「無限の軍拡ループ」におちいるはめになってしまえば、松本が述べていたように、戦前から敗戦直後にかけての昭和の「増税をおこない、その結果、財政規模は野放し状態に拡大され、軍備という終わりのない消耗に国民の血と汗の結晶を注ぎこんで、なお、経済の混乱の収拾を許れない状態」が再現しかねないのである。

安全保障のジレンマにおちいる日本

敵基地・敵国攻撃能力にもつながる「スタンド・オフ防衛能力」のための、「装備品の開発、配備、量産を急ぐ」のは、「防衛省関係者」によると、「台湾有事の可能性を念頭に置いている」からだという（『朝日新聞』二〇二二年九月一日朝刊）。

概算要求では「スタンド・オフ防衛能力」に加えて、対中国を念頭に「機動展開能力も強化」するため、有事に沖縄・奄美など南西諸島に部隊を「迅速に展開」できるよう、「大きな港のない島に大型船を接岸させるための組み立て式桟橋・埠頭の研究」など、「輸送・補給基盤の整備」も盛り込まれた。さらに、戦闘継続の能力を高めるため「弾薬・弾薬庫の確保」、攻撃に対し持ちこたえるための「主要司令部の地下化」などの概算要求も計上した（同前）。

そして、一連の概算要求にずらりと並んだ大軍拡のための経費は、二〇二三年度の当初予算案にしっかりと盛り込まれたのである。その防衛費（軍事費）は過去最高の六兆八二一九億円（米軍再編経費などもふくむ）にも達した。前年と比べて一兆四二一四億円の増額である。過去三〇年間に積み上がってきた防衛費の増額幅はおよそ一兆円。それを今回は一年ではるかに上回ってしまう。空前の大軍拡にほかならない。

さらに、この防衛費とは別に、複数年度にまたがって使える「防衛力強化資金」も新しく設けられた。特別会計の剰余金などから三兆三八〇六億円を繰り入れて、今後の防衛費の財源として確保した（『朝日新聞』二〇二二年一二月二四日朝刊）。

この複数年度の防衛力強化資金こそ、あの昭和の軍事費膨張と戦争を支えた臨時軍事費特別会計の危険な再来ではないのか。

こうした動きは、自民党やマスメディアなどから、「台湾有事は日本有事」と危機感を煽る声が相次ぎ、「中国の脅威」に対する抑止力として、「反撃能力」（敵基地・敵国攻撃能力）を保有すべきとの主張がひろまる現状を反映している。

抑止力の向上。それは常に軍拡の理由づけに持ち出される。しかし、抑止のためと称してこちらが軍拡を進め、強力な兵器体系を備えようとすれば、仮想敵国とされた相手側はそれを脅威と見なし、対抗して抑止力の向上を唱え、軍拡を進めることになる。相互に抑止を掲げながら脅威を与え合い、それぞれ対抗のために軍拡を競う。その結果、緊張と対立が煽られて、抑止どころか、かえって戦争を誘発するリスクが高まる。

このような状況を「安全保障のジレンマ」という。このまま「反撃能力」＝敵基地・敵国攻撃能力の保有へと突っ走るなら、まちがいなく日本はこのジレンマにおちいってしまうだろう。そして、軍拡競争と緊張・対立がエスカレートしたあげく戦火を誘発し、沖縄など南西諸島はじめ日本全土がミサイル戦争の戦場と化すリスクも高まることは、再三述べてきたとおりだ。

現に、「安保三文書」の「国家防衛戦略」でも、「万が一、抑止が破れ、我が国への侵攻が生起した場合」が想定されているのである。

しかし、軍拡を進めて最悪の場合は中国との戦争も辞さずというなら、まず原子力発電所を全廃すべきなのではないか。原発と使用済み核燃料貯蔵施設などをミサイルで破壊されたら、放射能汚染がひろがり、壊滅的な事態となる。半藤一利も狭い国土に多くの原発をかかえていることのリスクを、たびたび指摘していた。

「こんな狭い国土で、しかも国境線がやたら長い国土で、真ん中に大山脈が走っていて、平野部は海岸線にしかなく、そこに原子炉が五〇以上もある。守るにこんなに守りづらい国はない。いや、〔武力で〕守ることなんてできない。それが現実なんですよ。それこそリアリズムというものなんです」

――『世界史としての日本史』半藤一利・出口治明著　小学館新書　二〇一六年

「そのうちのどこか〔の原発〕に一発か二発攻撃されるだけで放射能でおしまいなんです、この国は。いまだって武力による国防なんてどだい無理なんです」

――『腰ぬけ愛国談義』半藤一利・宮崎駿著　文春ジブリ文庫　二〇一三年

軍拡と原発回帰が引き起こすリスク

ところが、岸田首相は総理大臣決裁で設置した「ＧＸ（グリーントランスフォーメーション）実行会議の第二回会議（二〇二二年八月二四日）で、電力需給の逼迫への対応を理由に、原発の「再稼働済み一〇機の稼働確保に加え、設置許可済みの原発再稼働に向け、国が前面に立ってあらゆる対応を採ってまいります」と、原発再稼働をより推進する方針を明らかにした。

さらに、「安全性の確保を大前提とした運転期間の延長など、既設原発の最大限の活用、新たな安全メカニズムを組み込んだ次世代革新炉の開発・建設」にも言及し、その「検討を加速」するようようながした。

岸田政権は原発の再稼働にとどまらず、運転期間の延長、新型原子炉の開発・建設すなわち原発の新設や増設にまで踏み込む姿勢を見せているのだ。これは、二〇一一年の福島原発事故以来、原発は新増設しないとしてきた政府の方針を転換させる重大な問題である。

そして二〇二三年五月三一日、原発の六〇年以上の運転を可能にするＧＸ脱炭素電源法が成立し、岸田政権の原発推進政策が本格化している。

原発の再稼働も、運転期間の延長も、新増設も、深刻な原発事故の再発というリスクをともなうのは言うまでもない。加えて、前述のように戦時にミサイル攻撃などの標的とされるリスクもともなう。それなのに、岸田政権は原発回帰の姿勢を強め、一方で対中国の戦争を誘発しかねない敵基地・敵国攻撃能力の保有、軍拡も進めようとしている。これは大きな矛盾ではないだろうか。

それとも敵基地・敵国攻撃能力を保有すれば抑止力が高まるから、原発が攻撃されるおそれはないと考えているのだろうか。だが、政治は結果責任が大きく問われるものだ。「安全保障のジレンマ」におちいったあげく、抑止力なるものが破綻して戦争が誘発され、最悪の事態にいたるかもしれないという想定を怠り、その結果について考慮しないのは、無責任ではないか。どうしても軍拡を進めるというのなら、最悪の事態をも想定して、原発が標的となるリスクはただちに減らし、さらには無くしていくのが、結果責任を重んじる本来の政治というものだろう。

しかし、岸田政権は無責任にも軍拡と原発回帰という矛盾する政策を同時に進めようとしている。本書でくりかえし述べたように、「台湾有事は日本有事」と思考停止的に結びつけて、アメリカの対中国軍事戦略に追随すれば、日本全体が戦場と化すリスクがもともとあるうえに、原発回帰によるリスクも加わる。

これではまるで国民・市民の生命を賭け金にして、抑止力向上というばいわば際限のない、しかも確かな保証もない、いわばギャンブルに打って出るようなものではないか。言い方を変えれば、「安全保障のジレンマ」におちいって戦争を誘発しかねない、危険な火遊びをしようとしているのが、いまの日本の姿かもしれない。

そもそも軍事力・経済力で日本を凌駕する核保有大国の中国を相手に、どれだけの軍事力を保有すれば、十分な抑止力が得られるというのだろうか。途方もない軍事費の膨張を招くにちがいない。軍拡による抑止力強化の発想一辺倒では、究極的には核兵器の保有（アメリカがそこまで認めるとは思えないが）にまでエスカレートしかねない。

このような大軍拡に耐えられる国力が、はたして日本にあるのか。国家財政が圧迫され、増税、社会保障費や教育費の削減といった負担も待ちかまえる。国債も乱発され、政府の借金の増加、すなわち財政赤字と日銀財務のさらなる悪化を招く。国民・市民の生活に重い負担、悪影響が及ぶのはまちがいない。それこそ前出の柳澤が指摘したように、「軍備の重圧で国が滅びる心配」さえある。

アメリカの兵器産業・軍産複合体の利益に

結局、東アジアで緊張と対立が高まることで最大の利益を得るのは、武器輸出の増大で潤うアメリカの兵器産業、軍産複合体であろう。米軍にとってもみずからの存在意義をアピールでき、組織の維持・拡大につながる好機でもある。

したがって日本が軍拡を進めれば進めるほど、アメリカからの武器輸入も拡大する。もちろん日本の「防衛産業」と呼ばれる兵器産業も利益を得る。自衛隊もまた組織の存在意義を高める機会ともなる。

一九八〇年代、ソ連がいまにも北海道に攻めてくるかのように脅威を煽る声が、自民党やマスメディアなどからしきりにあがったことが思い出される。現在はソ連の脅威を中国の脅威に置きかえただけで、脅威を煽ることが兵器産業の利益と軍事組織の維持・拡大に結びつく構図はそっくりである。

松本も『文藝春秋』連載「現代官僚論」の「防衛官僚論」で、軍拡と兵器産業の利益膨張の相互循環、軍拡の背後にある軍事組織と兵器産業の持ちつ持たれつの関係、実は兵器の開発・製造がまずありきで軍事組織の戦略も決まる側面を、次のように冷静に見抜いていた。

「国民に対する国防意識の昂揚は、すなわち自衛隊の予算の増額獲得につながる」

「さらに軍事予算の増大は兵器産業を膨張させ、それが直ちに自衛隊の戦力拡充となり、そのこと自体がまた戦略戦術を推進させるという循環になる」

「今日の兵器開発競争は、一昔前のように作戦の必要に応じて兵器の開発を望むのではなく、逆に兵器開発＝軍事産業の増大が軍の戦略方針を決定するのである。これは現在のアメリカ軍部に見られる通りである」

アメリカでは、軍隊と兵器産業が結びついた軍産複合体が政治に強い影響力を及ぼし、膨大な軍事予算を獲得して武器を生産している。それら大量の武器は米軍による調達とともに、世界各国に輸出されて利益を生み出す。

アメリカはたとえば虚偽の情報操作によってイラク戦争を引き起こしたように、常に世界各地での対立と紛争をある意味で必要とし、武器輸出で利益を得る軍産複合体中心の〝戦争中毒国家〟ともいわれている。

だから、軍産複合体の利益を重視するアメリカにとって、武器輸出で儲けるためには、東アジアで緊張・対立が続けば続くほど、本音では都合がいいのである。対中国封じ込めの日米軍事同盟の強化、日本の軍拡は、日本に大量の武器を売りつける絶好のチャンスでもある。また中国に対して危機感をつのらせる台湾へも、アメリカからの武器輸出が増えることになる。

すでに日本は第二次安倍政権のときから、トランプ前大統領の圧力をまじえた「バイ・アメリカン」政策に応じて、アメリカ製武器の大量輸入を続けている。F35A・Bステルス戦闘機、垂直離着陸機オスプレイ、KC46空中給油機、E2D早期警戒機、無人偵察機グローバルホーク、ミサイル迎撃用のスタンダードミサイル・ブロック2、ミサイル迎撃システムのイージス・アショアなど、言い値のまま値段も維持費も超高額な武器を爆買いしているのだ。

その仕組みはアメリカ政府の「対外有償軍事援助」（FMS）と呼ばれるもので、兵器製造企業に代わって政府機関が武器輸出の窓口となる。アメリカ側が一方的に価格も納期も決める。代金も原則として前払いしなければならない。アメリカ側にきわめて有利な武器輸出の方式である。

防衛省のFMS調達額（契約ベース、二二年度以外は補正予算もふくむ）は、第二次安倍政権期にあたる二〇一三年度から、菅政権期、岸田政権期と経て二二年度までに、合計で約三兆八四一二億円にも上る。最も多いのは一九年度で約七〇一三億円である（『しんぶん赤旗』二〇二二年一一月六日）。

アメリカの軍事戦略に追従し、武器輸入に莫大な国費もとは税金を払い続けて、しかも日本列島を対中国の最前線としてしまう危うい方向に、このまま進んでいってもいいのだろうか。

「台湾有事は日本有事」と短絡的に考える軍事一辺倒・軍拡では、国の進路を誤る。軍事膨張の道を突き進んだあげく破局にいたった戦前日本の轍《てつ》を踏んではならない。

軍事一辺倒ではなく外交努力を

しかし、冷静に考えてみれば、これまで中国は台湾に対する武力行使は、台湾が独立をしようとした場合に限ることをくりかえし表明している。つまり台湾が独立しようとしないかぎり、台湾有事が起きる可能性はほぼゼロなのである。

仮に台湾が独立をしようとした場合、中国の武力行使によって起きる戦争が、台湾に甚大な被害をもたらすことはまちがいない。それは台湾政府も、台湾の人びともよくわかっているはずなので、実際に独立に踏みきるような事態にまでいたる可能性は低いとみられる。

二〇二二年一〇月に台湾の行政部門「大陸委員会」がおこなった世論調査では、中国と台湾の関係において現状維持を望む人の割合が、八六・三パーセントにも上っている。台湾の民意は現状維持派が大多数を占めているのである。(『朝日新聞』二〇二三年一月一六日朝刊)。

台湾経済にとっても、中国は貿易や投資や合弁事業などの相手として、また市場としても重要な位置を占めている。台湾政府も現状維持の方針を示している。アメリカ政府も台湾独立まででは支持しないことを明らかにしている。

中国にとっても台湾有事となり、戦争をすることになれば、アメリカが軍事介入してきて、自国も深刻な被害を受けるし、国際的な経済制裁や貿易の途絶・不調などに見舞われ、経済的にも大きなダメージを受ける。

中国共産党はその統治下で、国民に経済成長の恩恵・豊かさをもたらすことで支持を得て、一党支配の正当化に用いている面がある。だから戦争による経済へのダメージ、悪影響は避けたいはずだ。

また、実際に台湾海峡を渡る上陸作戦をして台湾を占領することは、けっして軍事的に容易ではなく、成功する保証はない。作戦に失敗すれば、中国共産党にとっては取りかえしのつかない大失態となる。

中国共産党は抗日戦争、国民党との内戦を勝ち抜き、冷戦時代はアメリカやソ連と軍事的に対峙してきたことを、党の大きな功績と位置づけている。したがって、台湾に対する軍事作戦に失敗したら、党の威信は大きく傷つき、国内での一党支配の正当性が土台から揺らいでしまう。中国共産党・政府はできればそのようなリスクは避けたいはずだ。

こうした観点からの指摘は、アメリカの対中国軍事戦略を精緻に分析した『日米同盟・最後のリスク』（布施祐仁著　創元社　二〇二二年）でも詳述されている。

したがって日本がやるべきなのは、アメリカに追随して対中国軍事同盟の強化に走り、「台湾有事は日本有事」と煽って、日本を戦場としかねないリスクを高めるのではなく、アメリカに対して台湾の独立を煽動することなどないよう、中国に対しても台湾問題を軍事力で解決する方向で台湾に圧力をかけないよう、また台湾に対しても独立宣言などの冒険をおかすことのないよう、それぞれ自制をはたらきかけることだ。軍事衝突が起きないように、米中台の間に立って、対話をうながす仲介者の役割をはたすことだ。

むろん敵基地・敵国攻撃能力の保有、自衛隊と米軍による南西諸島のミサイル要塞地帯化、米軍による中距離弾道ミサイルの日本配備など、軍拡競争に走るのもやめるべきである。戦後日本は憲法九条のもと、他国の脅威となる兵器の保有をひかえ、軍事大国化しないことで、安全保障の分野でいう「安心の供与」すなわち他国に脅威を与えない姿勢を周辺国に示してきた。それは周辺国に警戒心、敵対心を抱かせない安全保障上の効果をもたらす。その実績をいまこそ見つめなおすべきではないか。

軍事一辺倒で外交努力をおざなりにすると、戦争を誘発し、破局にいたる危険が高まる。軍事衝突を絶対に引き起こさないという選択肢を最優先させ、軍事的対応ではなく、日中関係もふくめ東アジアで、緊張緩和と信頼醸成に向けた外交努力、多国間の共通の安全保障の枠組みづくりをめざさなければならない。

対話による緊張緩和と信頼醸成を

外交努力による多国間の共通の安全保障の枠組みの参考事例として注目されるのが、紛争の平和的解決、武力の行使とその威嚇の放棄などを原則とするASEAN（東南アジア諸国連合）による東南アジア友好協力条約（TAC）とASEAN地域フォーラム（ARF）の枠組みである。

「武力によらない安全保障は可能だ」（川田忠明著／『経済』二〇一九年八月号　新日本出版社）によ

ると、一九七六年のＡＳＥＡＮ首脳会議で採択された、東南アジア友好協力条約の第二条が定める行動原則は、「主権・領土保全の尊重、外圧の拒否、内政不干渉、紛争の平和的解決、武力の行使とその威嚇の放棄、締約国間の効果的な協力」である。

東南アジア友好協力条約は一九八七年に東南アジア以外の国にも門戸を開き、同条約の行動原則は、「ＡＳＥＡＮとそれ以外の国々との外交規範」ともなった。つまり「域内の平和と安全を担保するためにも、大国をはじめこの地域に関与するすべての国」に対して、「武力不行使の原則を受け入れることを求めた」のである（「武力によらない安全保障は可能だ」）。

東南アジア友好協力条約には、中国、ロシア、アメリカ、インド、パキスタン、日本、韓国、北朝鮮など六四ヵ国が加盟している。なお、「武力の行使とその威嚇の放棄」などの原則は、ＡＳＥＡＮ諸国どうしの義務、ＡＳＥＡＮ諸国と加盟各国の間での義務とされている。ＡＳＥＡＮ以外の加盟各国の間で義務とされているわけではない。

東南アジア友好協力条約によって武力行使の危険が消えたわけではない。あくまでも「行動の原則としての宣言」で、「強い拘束力」はない。しかし、この条約は「ＡＳＥＡＮウェイ」（紛争の平和的解決、内政不干渉、コンセンサス方式〔外交対話を通じた意見の一致〕）を実践する「重要な土台」となっている（同前）。

東南アジア友好協力条約をもとに、ＡＳＥＡＮ以外もふくめた加盟各国の外相などが参加し、「安全保障問題を議論する枠組み」として、一九九四年から毎年、ＡＳＥＡＮ地域フォーラムが開かれている。「公式、非公式の議論や対話を通じて、信頼関係を醸成し、相互理解を促進することが目的」である（同前）。

ＡＳＥＡＮ地域フォーラムに対しては、「議論ばかりで問題解決に進まない」といった批判もある。しかし、対話と交渉にもとづく信頼醸成そのものが、「衝突を回避する安全装置の役割」をはたしていると評価されている（同前）。

前出の『日米同盟・最後のリスク』によると、ＡＳＥＡＮは二〇一九年の首脳会議で、ＡＳＥＡＮ独自のインド太平洋構想を掲げた「インド太平洋に関するＡＳＥＡＮアウトルック」（ＡＯＩＰ）という文書を採択した。同文書は、「対抗ではなく、対話と協力のためのインド太平洋地域」をめざすと宣言し、「利害が競合する戦略的環境の中で、ＡＳＥＡＮは誠実な仲介者であり続ける」と強調している。

このインド太平洋構想の策定をリードしたインドネシアのルトノ外相は、アメリカと中国の対立を念頭に、「世界の大国間の競争を克服することが目的だ」と述べている（『日本経済新聞』二〇一九年六月二四日朝刊）。

アメリカとも中国とも密接な経済関係を持つＡＳＥＡＮ諸国にとって、米中対立に巻き込まれることは、自国の安全や経済発展にマイナスとなる。だから、そのような立場に追い込まれることを避けるためにも、アメリカと中国に対話と信頼醸成をうながす仲介外交を積極的に進めようとしているのだ。

戦後日本の機軸は憲法九条

憲法九条により「戦争と、武力による威嚇又は武力の行使」を「国際紛争を解決する手段として、「永久に放棄」する日本は、日米軍事同盟による軍拡競争ではなく、紛争回避・予防のため、ＡＳＥＡＮ方式の対話と信頼醸成による安全保障の枠組みに学び、ＡＳＥＡＮとも連携を深め、外交努力にもとづく東アジアの多国間の共通の安全保障の枠組み実現をめざすべきではないか。二度と戦争の加害者にも被害者にもならないために。それこそが岸田首相のいう「国民の命と暮らしを守り抜く」ことにつながる。

前述のように、対中国の矢面に立たされる沖縄の玉城知事も、「〔政府は〕アジア太平洋地域における緊張緩和と信頼の醸成に努めてほしい」と訴えている。

半藤も、戦後日本の機軸は憲法九条とそれにもとづく平和主義であって、戦前昭和とは明らかに異なり、「大国主義で世界に出て行って軍隊の力で解決していく国」ではないことの意義を説いていた（『いま戦争と平和を語る』半藤一利著・井上亮編　日本経済新聞社　二〇一〇年）。

そして憲法九条が、「政府の誤った判断によって戦争をふたたび起こさせない」ということを、「国民が確保するため」に、いかに「大事なもの」であるかを強調していた（『憲法を百年いかす』）。

その根底には、東京大空襲で生死のはざまにおちいり、奇跡的にも生きのびた重い体験がある。一九四六年（昭和二一年）に日本国憲法が公布されたとき、中学生だった半藤は次のように感激ひとしおだったという。

「わたくしは子供ながらも『日本は平和を大事にして戦争を放棄する。軍備を持たない。これからは平和国家でいくんだ』という憲法の提唱に対してほんとうに感激して、心の底から受け入れましたね。死ぬ思いもしましたし、たくさん死んだ人も見てきましたからね。こういう人たちを再び見ることのないようにしたい。この方針でいいんだと思いました」

——『いま戦争と平和を語る』

もちろん松本も、日本国憲法が「直接的には〔アメリカの〕占領政策によって生まれたかも知れないけれど」と、その制定の経緯をふまえつつも、「戦前の軍国主義でいためつけられた国民」の、「あの苦しい思いが、この憲法によって今度こそは救われるのだ」という希望、「民主主義的な気持ち」から生み出された側面を重視して、改憲反対の思いを率直に述べていた。憲法九条は「いまや日本の国民性に根をおろし」ていると高く評価していた（「世事と憲法」／『松本清張社会評論集』）。

国民的熱狂の空気の危うさ

しかし、日本の現状はどうか。台湾有事の危機が煽られ、中国に対抗するには軍事力強化、日米同盟強化しかないという風潮が、マスメディアやインターネットなどを通じてひろまり、世論を一色に染めつつあるようにみえる。

このように日本社会が同調的に一方向に傾き、やがて排外的な「国民的熱狂」の空気がつくられてしまう危うさを、半藤は昭和史の教訓にもとづき、口をすっぱくして説いていた。

「国民的熱狂をつくってはいけない。その国民的熱狂に流されてしまってはいけない。ひとことで言えば、時の勢いに駆り立てられてはいけないということです。熱狂というのは理性的なものではなく、感情的な産物ですが、昭和史全体をみてきますと、なんと日本人は熱狂したことか。マスコミに煽られ、いったん燃え上がってしまうと熱狂そのものが権威をもちはじめ、不動のもののように人びとを引っ張ってゆき、流してきました」

——『昭和史』

戦争へとなだれこんでいく「国民的熱狂」の始まりが、一九三一年（昭和六年）の満州事変で、関東軍の独断専行を新聞やラジオが称賛し、国民は熱にうかされていったと、半藤は指摘している。

「新聞とラジオの連続的な、勝利につぐ勝利の報道に煽られて、国民もその気になっていく。その熱狂は日ましに高まっていく。満蒙は日本の生命線、この生命線を自衛のための戦争でしっかり守りぬく。そしてその勝利を突破口に、昭和に入っていらいのもう行きづまりのような不況を打開することができる。国民の間にはつらい緊張ではなく、意気軒昂たる緊張がみなぎったのである。事変後、一週間もたたないうちに、日本全国の各神社には必勝祈願の参拝者がどんどん押し寄せ、憂国の志士や国士からの血書・血判の手紙が、陸軍大臣の机の上に山と積まれた」

――『B面昭和史』

それ以後、上海事変、日中戦争、太平洋戦争へと時局が展開するなか、新聞、ラジオ、ニュース映画、雑誌などマスメディアは、軍の情報統制・情報操作に同調して国民の戦意を煽り立てる報道を続けた。戦場での将兵の犠牲を軍神・英雄にまつりあげる美談記事、軍に都合のいいことばかりで真実を覆い隠した「大本営発表」の垂れ流し……。

また、新聞社は競って戦争関連のイベント、キャンペーンをくりひろげた。勇ましい戦場報告を売り物にした従軍記者の講演会、戦意高揚に向けた軍歌の懸賞つき歌詞募集、軍への慰問金・慰問袋や軍用機献納の募金キャンペーン、「欲しがりません勝つまでは」など国策標語の募集、「戦車大展覧会」「大東亜建設博覧会」「満蒙開拓青少年義勇軍」壮行会、陸軍少年兵の志願者を募る「少国民総決起大会」などの開催……。

挙国一致の戦争遂行の国策にそったマスメディアの影響力は、国民大衆の間に浸透して、熱狂的反応を呼び起こした。それが新聞などの戦争協力態勢を勢いづけた。その相乗効果により全国で愛国熱・軍国熱が高まってゆく。軍部はそれを最大限に利用した。新聞も部数増大による利益の果実を手にした。

ふたたび「集団催眠」的な空気に染まりかねない日本

半藤は当時の昭和日本の様相を、まるで「集団催眠」にかかった状態であったと表現している。

「日中戦争の際、新聞があおった結果、国民は『暴支膺懲。日本が正しくて中国が悪い。断固膺懲すべし』という考え方にサーッと流れていった。国際連盟脱退のときも新聞があおった。国民は『何が国際連盟だ』ということで流された。スローガンは『栄光ある孤立』です。というふうに見ると集団催眠と考えた方がいいんじゃないでしょうか。さながら催眠術にかかったように、同じことを考え、同じ方向にしか目を向けなくなる」

——『いま戦争と平和を語る』

「私たち日本民族には付和雷同しやすいという弱点があるんですね。言いかえれば、集団催眠にかかりやすいということです。その結果として、なだれ現象を起こしやすい」

——『そして、メディアは日本を戦争に導いた』

このような「集団催眠」状態は、過去の特殊な昭和史上のできごとであり、現代日本ではもう起きるはずがない。そう考える向きもあるかもしれない。しかし、そのように楽観していられるだろうか。

半藤は第二次安倍政権下であからさまになった、嫌韓・嫌中の排外主義的風潮、ヘイトスピーチの横行、侵略戦争と植民地支配の歴史否認、国粋的なナショナリズムのうごめき、集団的自衛権の行使容認など日米同盟の強化一辺倒の政策といった現象を注視しながら、日本社会がふたたび同調主義、同調圧力による「集団催眠」的な空気に染まってゆきかねないと憂慮していた。

「いつの時代であっても、国の外に敵を想定し、危機感を煽り、挙国一致、精神総動員で国民を愛国化すれば、内なる憂いはすべて解消すると、お偉い人たちは考えるものらしい。いまの日本の、できるかぎりアメリカの『世界戦略』に協力すべきだという『積極的平和主義』なんか、その最たるものといえる。排他的主義を正面に押したて、味方は『ここからここまで』ときちんと区分けすることを愛国の本質とする、そんな排他的同調主義の時代の到来はほんとうにおそろしいと思うが……」

——『B面昭和史』

「いまの日本は民衆レベルでもナショナリズムつまり国粋主義の高揚といいますか、そうした動きがあって、非常に危険なことだと思うんですよ。上も下も、みんなナショナリズムでわっしょいわっしょいとやり始めると、国家というものの動きを非常に窮屈にする、ますます内に閉じこもらせるばかりなんですね」

——『そして、メディアは日本を戦争に導いた』

松本もまた、一九七一年の「憲法公布二十五周年記念京都府民の集い」での講演「世事と憲法」で、日本人の付和雷同しやすい気質、同調圧力の強い日本社会の特性をふまえて、あの戦争当時の挙国一致の空気と似たものが再来するおそれは、絶対にないとは言いきれないと警告を発していた。

「戦後の日本人は、現在まで民主主義的な生活や制度にならされてきたので、軍国主義復活ということはとうてい考えられないという人もあるかもわかりません。しかしながら日本人の性格には、一挙にしてとはいいませんけれども、急角度にその性格が変わっていく面があるわけです」

——『松本清張社会評論集』

では、集団催眠的な国民的熱狂の空気に流されないためには、どうすればいいのか。こうした問いに、半藤は次のように答えていた（『あの戦争と日本人』）。

「歴史を正しく学んで、自制と謙虚さをもつ歴史感覚を身につけることです」

「ちょっとでもおかしいんじゃないかと思ったら、そこで立ち止まって、歴史探偵をやることです」

「冷静に、冷静に、真実を探りつづけること……」

松本清張と半藤一利。昭和史の奥深く分け入り、探究を重ねて築いた独自の視座から、「三矢研究」の危険性を見抜き、日本がふたたび軍事優先の社会、軍事主導の体制となり、戦争のできる国に変貌しかねない動きにも目を光らせた二人。そして、残された一つひとつの言葉──。

戦前と戦中と戦後にまたがる昭和の歴史は、私たちに尽きせぬ教訓を伝えている。

第六章

いま昭和史から学ぶことの意味
保阪正康氏に聞く

松本清張と半藤一利の二人が亡き後、いまやこの国は岸田政権のもと、台湾有事を煽るアメリカの対中国戦略に追随して大軍拡を進めようとしている。しかし、軍事力一辺倒ではかえって戦火を誘発しかねない。松本と半藤が残した数々の言葉を通じて、軍事膨張が破局を招いた昭和の戦争の歴史から現在へと響いてくる警鐘が、確かに聞こえる。

全体を締めくくるにあたり、半藤との昭和史をめぐる対談書も多く、戦争体験者への丹念な取材と資料調査を重ねてきた昭和史研究の泰斗、ノンフィクション作家の保阪正康氏に、現状をふまえて昭和史から学ぶことの意味を中心に話を聞いた。

——昭和史について探究を積み重ねてこられた保阪さんの視点から、昭和史を学ぶこと、昭和史から学ぶことの意味は何でしょうか。

「日本は一八六八年（明治元年）からの明治時代以後、一九四五年（昭和二〇年）まで七七年の間に、一八八五年（明治一八年）の第一次伊藤博文内閣の誕生以来、ほぼ一〇年おきに戦争をくりかえしてきました。日清戦争、日露戦争、第一次世界大戦、シベリア出兵、満州事変、日中戦争、ノモンハン事件、太平洋戦争などです。

しかも帝国主義的な戦争をやってきた。欧米の先進帝国主義がすでに終えていたようなかたちの戦争です。後進帝国主義国として、恐るべき、初歩的な、多くの残酷さをともなった戦争を一〇年おきにやっている。

昭和の太平洋戦争の敗戦で、それは最終的に解体するのですが、この近代日本が一〇年おきにやった戦争の内実、過ちをきちんと整理、検証しないと、私たちの国は近代史七七年と、それに続く今日までの現代史七七年の総括をできないと思うんです」

――この近代日本の過ちの原因は、どこにあったのでしょうか。

「軍部が『統帥権の独立』を振りかざし、軍事が政治の上位に立って、軍事主導国家となってしまった問題は、あたりまえのように語られますが、もっと踏み込んでいくと、戦争を国家の最大の『営業品目』としたことが、根本的な問題としてあります。その国益拡大の『営業品目』としての戦争の主役は、もちろん軍人でした。

後発の帝国主義国家としての日本は、先進帝国主義国家とは異なる発展段階をたどりました。資本主義の発達が帝国主義化に結びついたわけではなく、国家がまず帝国主義化して、富国強兵、工業立国、資本主義の発達へと進んでいったのです。

日清戦争以来、一〇年おきに戦争をして勝利を得ることで賠償金を取ったり、領土を拡大したり、制圧地域の資源収奪をしたりと、戦争が富国につながる役割を果たしてきたのです。まさに『戦争は儲《もう》かる』ものでした。近代日本は戦争をひとつの『事業』と考えていたわけです。つまり国家の『営業品目』だった。戦争に勝って賠償金などを取る、それが『事業』の内容でした。軍人はこの『事業』すなわち戦争に自信を持ち、自分たちがまさに『富国強兵』の富国を代弁しているとの強い自負を持った。戦争に勝って、賠償金などを取ること、それがお国への奉公と考えた。そして、戦争を欲するようになっていったのです」

――しかし最終的には、その軍人たちの『事業』は多大な犠牲をともなって破綻しますね。

「戦争は軍人の『事業』、『営業品目』だったから、日本軍はとんでもない無謀な作戦であっても、戦争に勝って賠償金などを取るために、勝つまでやろうとする。

日中戦争でも、中国奥地にまで入ることで支配権を確立し、賠償金や領土の割譲、資源の収奪をめざしていた。それが中国を支援するアメリカやイギリスに妨害されている、こちらを打倒しなければ、戦利すなわち利益を上げることはできない。だから、こちらを倒すのが先だ、という考えで、アメリカやイギリスを敵として太平洋戦争に踏み込んでいった。

ところが日本軍は、戦争が『営業品目』なのに、会社経営にたとえれば、原価計算も曖昧、マーケット調査もいい加減、倒すべき相手企業の内部調査もしていません。これまではそれで営業成績を上げてきたが、その調子でうまくいくと考えていた。戦争を国家の『営業品目』と考えるわけですから、本社（大本営）の命令により前線で戦う営業部員（兵士）には、ひたすら結果を出すことが要求されます。戦争という『営業行為』は、とにかく相手側との市場争奪戦であり、市場を制覇するためには、本社のエリート社員（大本営参謀）は、犠牲をいとわないと考える。営業部員（兵士）は使い捨ての消耗品扱いされる。

このように分析していくと、日本の近代の戦争論は驚くべき独善性と後進性を持っていたことがわかります」

——それがまさに軍事主導国家の戦争の内実だったわけですね。

「軍事指導者に兵士をひとりの人間として見る目が欠けていたのです。かれらは軍事以外のことにはほとんど無知同然でした。兵站（補給）など考えようともしない戦略、玉砕や特攻作戦に馴れきっていく戦争指導、兵士を消耗品として扱う軍内規則、それこそが昭和陸軍の真の姿だったのです。軍事指導者が兵士や国民を人間として見ないのですから、相手側を人間として見る目などありません。残虐行為など何とも思わない感情が生まれるのは当然でしょう。このような軍事指導者に指揮された兵士が、しだいに人間的感性を失って、侵略した国々の人びとをモノのように扱っていくのも当然だったでしょう。

近代日本の戦争の内実は、むきだしの帝国主義の姿そのものでした。人間を人間として見つめる目を持たなかったがゆえの結果です。だから、この内実を検証し、過ちをくりかえさないために、歴史の教訓を導き出さなければなりません」

——昭和史を、一〇年おきに戦争をくりかえした七七年の近代日本の歴史の流れに位置づけて学ぶこと、そこから重要な教訓を学びとることの意味が、よくわかりました。

こうした過ちをくりかえしてはならないという点は、数多くの対談を通じて半藤さんとも共有されていたと思いますが、いかがでしょうか。

「東京大空襲を体験するなど、昭和の戦争の時代を肌で知っていた半藤さんは、もちろん戦争というあんなバカなことを二度とやってはいけない、との思いを強く抱いていました。だから、昭和史を深く探って、戦争をおこなった当時の日本はどのような社会だったか、どんなタイプの人間が出てきて指導者になるのか、国民にはどういうことが要求されるのか、社会がどういうかたちで疲弊するのか、戦争という時間帯のなかでどのような光景が現出したのかなどを、具体的に明らかにしていったのです。ご自身の戦争体験が原点にある。いわば体験主義者の世界観、社会観というのかな、そういうものが半藤さんの作品の軸になっていると思います。

半藤さんともよく話したのですが、一〇年おきに戦争をくりかえした明治以後の七七年の近代日本とは対照的に、江戸時代の日本は二七〇年近くもの間、対外戦争は一度もしなかったわけです。幕末には、薩摩藩とイギリスによる薩英戦争、長州藩とアメリカ・イギリス・フランス・オランダの四ヵ国艦隊による馬関戦争がありましたが、それは藩によるもので、国家の戦争ではなかった。

江戸時代の社会にたくさん矛盾はあったにしても、あの帝国主義の時代、二七〇年近くもの間、対外戦争を一度もしなかったのはすごいことだ、と。それはなぜ可能だったのか、その江戸時代のいわば含み資産、歴史の遺産が残っているはずではないか、我々の国民性のなかに何かつちかわれたものがありはしないか、といったことをやはり調べなければいけないと、柳田国男や宮本常一などの民俗学ともからませながら、何か吸収していくべき、体系立ったものがあるのではないかと、話し合いましたね」

——歴史をさかのぼりながら、一つひとつの史実を丹念に見きわめていくことが、大切なんですね。その点は松本清張の『昭和史発掘』などとも共通するものがあるように思いますが。

「松本清張さんは実証的に当事者の証言や資料を集め、史実をきちんと整理して、当事者の声を残していくという作業を積み重ねました。半藤さんや藤井康栄さんら文藝春秋のスタッフたちのサポートも得ながらですね。

皇国史観や唯物史観では、一つひとつの史実はそれぞれの史観を構成する材料でしかなく、演繹的に歴史を見るわけですが、松本さんの場合はそれと対照的に、一つひとつの史実そのものを蓄積しながら、その蓄積のなかから何が歴史の教訓なのかを帰納的に探っていった。それが松本さんの仕事だったと思います。

その意味では、松本さんはジャーナリズムのひとつの模範を示したといえます。当事者の証言などを得ながら実証的に史実を確立していく、ジャーナリズムの歴史探究の先駆者的な存在でした。この路線は大事ですね。後に続く者として守らなければならないと思います。

ただ『日本の黒い霧』は占領期のいろんな事件・問題を、松本さんなりの眼で分析しているけれども、そこには松本さん自身の思い入れがあったり、解釈が単純化して、ある種の前提に振り回されている面もあります。

しかし重要なのは、一つひとつきちんと取材のデータをもとにして書かれていることです。松本さんは占領期という時代に生きた世代の責任にもとづいて書かれたのだと思います。その世代責任という意識が、松本さんの作品には流れている。そのことが、この人を歴史の証人としての位置においているのではないでしょうか」

――半藤さんとのご共著に『憲法を百年いかす』がありますが、憲法九条をはじめ日本国憲法をいかすことの重要性を、あらためてお聞かせください。

「一〇〇年というのは一世紀です。やはり一世紀、憲法が持続すれば、その国の基本的な骨格、体質、あるいは抜きがたい国家の柱になるんじゃないかというのが、半藤さんと私の共通の考えでした。一〇〇年続けば、ひとつの国家意思となるだろう、と。

そして、もし私たちの国がこの国家意思を持ったときに、重要な問題が提起されるんだと、話したんです。それは『戦間期の思想』を持たないということです。戦間期とは、第一次世界大戦と第二次世界大戦の間の二一年間を指します。ドイツは第一次世界大戦で失ったものを全部、戦争で取り返すという考えを持った。つまり戦争で失ったものを戦争で取り返すというもので、それが『戦間期の思想』です。ヒトラーの政権はまさにそうして生まれてきたわけです。だから私は、第一次世界大戦と第二次世界大戦は連結していると考えます。
日本は、一九四五年に第二次世界大戦が終わって、それ以後、戦争を放棄した非軍事憲法である日本国憲法のもと、戦争で失ったものを戦争で取り返すという意思表示をしたことは一度もありません。『戦間期の思想』を持たずにきたわけです。戦後七七年間、ひたすらそういう国として、いわば世界的な新記録をつくってきた。それがこの国の誇りであり、国際社会で一定の信頼と尊敬を勝ち得てきた理由でもあると思います」

――憲法を一〇〇年いかせば、世界へも発信できるひとつの文化にもなっていくということなんですね。

「一〇年おきに戦争をくりかえした近代日本七七年の歴史の教訓をふまえて、月並みな言い方になりますが、日本はどうあれ軍事主導国家に傾くべきではない。戦争という政治的選択は決しておこなうべきではありません。
戦争・軍事で失ったものを戦争・軍事で取り返さないという国家意思を持続させること。それをこの国のひとつの国家的目標とすれば、世界に例のないかたちの国家となるんじゃないか。憲法を一〇〇年いかすことは、その礎《いしずえ》じゃないか。そう半藤さんと話しましたね」

――しかし、いま日本では、そのような国家意思を持続させる方向とは逆の動きが強まっています。アメリカの戦争に加担する集団的自衛権の行使を容認した安倍政権に続いて、岸田政権が敵基地・敵国を攻撃できる長射程ミサイルなどを保有する大軍拡を進めようとしています。改憲も声高に唱えています。

「憲法を一〇〇年いかすことを阻害するものは何かといえば、憲法の骨抜きです。岸田内閣が閣議決定した『防衛三文書』（『安保三文書』）の敵基地攻撃能力なんていう、専守防衛の基本的な枠組みさえも壊し、戦争を誘発、拡大する危うい発想。それは憲法を一〇〇年いかす精神に対する公然たる挑戦といえるのではないでしょうか。

ミサイルで敵基地を叩くというが、それで戦争が終わるのではなく、叩くことによって戦争が拡大していくわけです。そうした戦略論、戦争論を何ひとつ検証することなく、浅はかな論理を平然と言っている首相には落胆しました。

しかも国会での説明もなく、一方的に決めてしまう。ここまで国民はなめられている。こんな無責任な指導者が平気で防衛論を吐くということの怖さを感じます。無自覚なファシストというのですかね。哲学者の鶴見俊輔さんと対談したときに、鶴見さんが『民主主義という制度・システムがある種の疲弊、形骸化したときに、ファシズムが出てくるのは歴史の習いだよ』と語っていましたが、そのとおりだと思いますね。

岸田首相のものの考え方、政治的な振る舞いとかを見ていくと、国民をなめているというか、結局、安倍元首相の頃から、何か妙な大衆蔑視の、うわついた議論みたいなもので済ませてしまおうという時代になっているこことなのかなと思うんですが、岸田さんにいたっては、無色透明であるがゆえに怖い人だという感じがしますね」

——岸田首相にしろ、安倍元首相にしろ、世襲の三世議員で、政治家ファミリーの一種の閉ざされた時空のなかで生きてきて、自分の発言や振る舞いを他者がどう受けとめるのか、どう考えるのかという点への想像力が、身につかなかったのではないでしょうか。

その安倍元首相が閣議決定というやり方で、集団的自衛権の行使容認へと憲法解釈を一方的に変えてしまいました。その独善的な手法を岸田首相も受け継いでいます。いわば憲法の外側、立憲主義の外側にまるで自分たちが立っているような感覚なのでしょう。全能感に酔っているかのようにもみえる。それはやはり恐ろしいことですね。

保阪さんや半藤さんも書かれているように、戦前、軍部は「統帥権の独立」を振りかざして、憲法、立憲主義の外側に立ち、暴走してゆきました。それと通底するようなものが感じられます。

こうした現状について、もし半藤さんが生きておられたら、どのような発言をされると思われますか。

「半藤さんが今の時代を見たら、すぐに、『岸田首相っていうのは思ったよりファシストだな』というような言葉が出てくると思いますね。半藤さんは体験派、あるいは世代感覚派というのかな、ご自身の戦争時代の体験が原点にあるので、敵基地攻撃などという物騒なことを平気で言えること、その説明が驚くべきほど軽率であり、表面的だということに対する無自覚さを見て、あきれて、おそらく直観的に、『ああいう首相は危ねえんだよな』というような言い方をされるでしょうね」

保阪氏の話は、昭和から明治へ、さらには江戸へと歴史をさかのぼりながら、史実を一つひとつ見きわめて、今日にいかすべき歴史の教訓を導き出し、さらに「憲法を一〇〇年いかす」という未来への展望も示す、核心をつくものだった。

戦争を国家の最大の「営業品目」として、一〇年おきに戦争をくりかえし、昭和の戦争で破局にいたった近代日本の七七年。戦争を放棄した非軍事憲法である日本国憲法のもと、「戦間期の思想」を持たず、むろん戦争もしなかった、戦後の現代日本の七七年。昨年、二〇二二年は、一九四五年（昭和二〇年）を境目として、それぞれの七七年という対照的な歴史の歩みが際立つ年だった。

ところが、くしくもその年一二月一六日に、岸田政権は敵基地・敵国攻撃能力の保有を柱とする「安保三文書」を閣議決定した。それは専守防衛の基本的な枠組みを壊し、軍事大国に向けた大軍拡へと舵を切るものだ。非軍事憲法である日本国憲法を骨抜きにする企てにほかならない。「憲法を一〇〇年いかす精神に対する公然たる挑戦」といえるこの動きに向ける、保阪氏の危惧の念も伝わってきた。

第二次安倍政権の頃からこの国は、かつて戦争で失った軍事大国・列強の地位を、軍事で、さらには戦争をも辞さずに、取り返そうとする「戦間期の思想」にとりつかれてきてはいないか。ふたたび軍事の論理、メカニズムが、政治の上位に立って、これまでの戦後七七年の歩みを踏みにじって、独り歩きしかねない危うさが浮かびあがってくる。

「一〇年おきに戦争をくりかえした近代日本七七年の歴史の教訓」をふまえて、時代の動きを捉える眼を磨いてゆきたい。

あとがき

昨年末に岸田政権が国会での議論抜きに閣議決定した「安保三文書」。その大軍拡路線により戦後日本を戦前のような軍事大国、軍事優先の社会へと変貌させようとする動き、既成事実づくりは加速している。防衛費（軍事費）大増額のための防衛財源確保法案と、防衛（軍需）産業の兵器・装備品の開発と生産の強化、武器輸出の促進につながる防衛産業支援法案も今国会で成立した。

国会審議を通じて、驚くべき事実も明るみに出た。小池晃参院議員（共産党）が今年三月二日の参議院予算委員会で明らかにした、防衛省の内部文書（『しんぶん赤旗日曜版』がスクープ。防衛省が小池議員の要求に応じて提出）によると、核兵器や爆発物や生物・化学兵器による攻撃と、高高度での核爆発による電磁パルス攻撃に耐えられるよう、全国四七都道府県の二八三地区における自衛隊基地・防衛省施設の司令部など主要施設の地下化、壁の強化など「強靭化」の計画が立てられているのである。今年度からの五年間だけでも四兆円の予算をつけて、一〇年以上かけ一万二六三六棟を建て替え、五一〇二棟を改修するという。さらに弾薬庫も一〇年間で一三〇棟を新設する。既存の弾薬庫は住宅地のそばにもあり、攻撃目標とされる危険性が高い。（『しんぶん赤旗』二〇二三年四月一二日）。

これはまさに、「安保三文書」の大軍拡路線の結果、日本全土が戦場と化すこともあり得ると想定したうえでの「強靭化」である。戦時に生ずる国民・市民の被害をよそに、自衛隊組織だけは生き残ることを最優先とする計画にほかならない。

これでは、「軍隊は住民を守らない。軍は軍そのものを最優先させる」という、かつての沖縄戦や満州での悲惨な事態の二の舞となりかねない。松本清張と半藤一利が洞察力に富んだ史眼で浮き彫りにした昭和史の教訓も活かされないことになってしまう。「安保三文書」以来、「新しい戦前」という言葉もひろまりつつある。軍事膨張の集団催眠的な空気に社会が染まらないよう、あらためて昭和史の軌跡を見つめなおす気運が高まってほしい。

本書は、週刊『サンデー毎日』(毎日新聞出版)に不定期連載した記事「昭和史からの警鐘・松本清張と半藤一利が残したメッセージ」に、大幅に加筆したものです。

取材に際して有意義なお話をお聞かせくださり、貴重な資料をご提供くださった清水雅彦氏と内藤功氏、核心をつくインタビュー談話をしてくださった保阪正康氏に、心より感謝申し上げます。

『サンデー毎日』の編集長、城倉由光氏には記事の連載に関してたいへんお世話になりました。連載記事と本書の編集を担当していただいた向井徹氏には、企画段階から適切なアドバイスと激励の言葉をいただき、刊行に向けてご尽力いただきました。お二人にも心より感謝申し上げます。

二〇二三年八月二〇日

吉田敏浩

＊主要参考文献

『昭和史発掘』1～13　松本清張著　文藝春秋　一九六五年～七二年
『現代官僚論』1～3　松本清張著　文藝春秋新社　一九六三年・六四年・六六年
「小説と取材」松本清張著（『オール讀物』一九七一年七月号　文藝春秋）
『松本清張社会評論集』松本清張著　講談社文庫　一九七九年
『半生の記』松本清張著　新潮文庫　一九七〇年
『史観宰相論』松本清張著　文藝春秋　一九八〇年
『実感的人生論』松本清張著　中公文庫　二〇〇四年
『対談　昭和史発掘』松本清張著　文春新書　二〇〇九年
『松本清張の残像』藤井康栄著　文春新書　二〇〇二年
『松本清張と昭和史』保阪正康著　平凡社新書　二〇〇六年
『松本清張への召集令状』森志朗著　文春新書　二〇〇八年
『松本清張「隠蔽と暴露」の作家』高橋敏夫著　集英社新書　二〇一八年
『「松本清張」で読む昭和史』原武史著　ＮＨＫ出版新書　二〇一九年
『松本清張記念館図録』文藝春秋編集部編　北九州市立松本清張記念館　二〇一〇年
「松本清張・最後のテーマは辻政信」文藝春秋編集部著（『文藝春秋』二〇〇二年九月号　文藝春秋）
『昭和史の転回点』半藤一利著　図書出版社　一九八七年
『日本参謀論』半藤一利著　図書出版社　一九八九年
『山県有朋』半藤一利著　ＰＨＰ研究所　一九九〇年
『歴史探偵・昭和史をゆく』半藤一利著　ＰＨＰ研究所　一九九二年
『指揮官と参謀』半藤一利著　文春文庫　一九九二年

『日本のいちばん長い日・決定版』半藤一利著　文藝春秋　一九九五年
『ノモンハンの夏』半藤一利著　文藝春秋　一九九八年
『ソ連が満洲に侵攻した夏』半藤一利著　文藝春秋　一九九九年
『清張さんと司馬さん』半藤一利著　NHK出版　二〇〇一年
『昭和史』半藤一利著　平凡社　二〇〇四年
『昭和史・戦後篇』半藤一利著　平凡社　二〇〇六年
『世界史のなかの昭和史』半藤一利著　平凡社ライブラリー　二〇二〇年
『幕末史』半藤一利著　新潮社　二〇〇八年
『いま戦争と平和を語る』半藤一利著・井上亮編　日本経済新聞社　二〇一〇年
『あの戦争と日本人』半藤一利著　文藝春秋　二〇一一年
『安吾さんの太平洋戦争』半藤一利著　PHP文庫　二〇一三年
『B面昭和史』半藤一利著　平凡社　二〇一六年
『歴史に「何を」学ぶのか』半藤一利著　ちくまプリマー新書　二〇一七年
『歴史と戦争』半藤一利著　幻冬舎新書　二〇一八年
『歴史と人生』半藤一利著　幻冬舎新書　二〇一八年
『半藤一利・橋をつくる人』半藤一利著　平凡社　二〇一九年
『戦う石橋湛山』半藤一利著　ちくま文庫　二〇一九年
『墨子よみがえる』半藤一利著　平凡社ライブラリー　二〇二一年
『日本人の宿題』半藤一利著　NHK出版新書　二〇二一年
『人間であることをやめるな』半藤一利著　講談社　二〇二一年
「あばかれた三矢研究」半藤一利著（『昭和日本史14・昭和史の謎』坪田五雄編　暁教育図書　一九七七年）
『半藤一利　語りつくした戦争と平和』保阪正康監修　東京新聞　二〇二一年
『昭和史を点検する』半藤一利・保阪正康著　講談社現代新書　二〇〇八年

『戦後を点検する』半藤一利・保阪正康著　講談社現代新書　二〇一〇年
『そして、メディアは日本を戦争に導いた』半藤一利・保阪正康著　文春文庫　二〇一六年
『ナショナリズムの正体』半藤一利・保阪正康著　文春文庫　二〇一七年
『憲法を百年いかす』半藤一利・保阪正康著　筑摩書房　二〇一七年
『愛国者の条件』半藤一利・戸髙一成著　ダイヤモンド社　二〇〇六年
『昭和史裁判』半藤一利・加藤陽子著　文藝春秋　二〇一一年
『腰ぬけ愛国談義』半藤一利・宮崎駿著　文春ジブリ文庫　二〇一三年
『世界史としての日本史』半藤一利・出口治明著　小学館新書　二〇一六年
『21世紀の戦争論』半藤一利・佐藤優著　文春新書　二〇一六年
『令和を生きる』半藤一利・池上彰著　幻冬舎新書　二〇一九年
『永久保存版・半藤一利の昭和史』文春ムック文藝春秋特別編集　文藝春秋　二〇二一年
『半藤一利』（別冊太陽・日本のこころ292）平凡社　二〇二一年
『硝子戸のうちそと』半藤末利子著　講談社　二〇二一年
「会社員・半藤一利」平山周吉著（『文藝春秋』二〇二一年二月号　文藝春秋）
『昭和陸軍の研究』上・下　保阪正康著　朝日新聞社　一九九九年
『昭和の戦争を読み解く』保阪正康著　中公文庫　二〇〇六年
『昭和史のかたち』保阪正康著　岩波新書　二〇一五年
『安倍〝壊憲〟政権と昭和史の教訓』保阪正康著　朝日文庫　二〇一六年
『事典・昭和戦前期の日本』伊藤隆監修　百瀬孝著　吉川弘文館　一九九〇年
『太平洋戦争』林茂著　中央公論社　一九六七年
『戦後変革』大江志乃夫著　小学館　一九七六年
『天皇の軍隊』大江志乃夫著　小学館　一九八二年
『統帥権』大江志乃夫著　日本評論社　一九八三年

『日本の参謀本部』大江志乃夫著　中公新書　一九八五年
『昭和の歴史5　日中全面戦争』藤原彰著　小学館　一九八二年
『餓死した英霊たち』藤原彰著　青木書店　二〇〇一年
『昭和の歴史7　太平洋戦争』木坂順一郎著　小学館　一九八三年
『軍部の昭和史』上・下　李炯喆著　日本放送出版協会　一九八七年
『十五年戦争小史』江口圭一著　青木書店　一九九一年
『昭和期日本の構造』筒井清忠著　講談社学術文庫　一九九六年
『アジア・太平洋戦争史』山中恒著　岩波書店　二〇〇五年
『満州事変から日中戦争へ』加藤陽子著　岩波新書　二〇〇七年
『アジア・太平洋戦争』吉田裕著　岩波新書　二〇〇七年
『太平洋戦争と新聞』前坂俊之著　講談社学術文庫　二〇〇七年
『新聞と戦争』上・下　朝日新聞「新聞と戦争」取材班著　朝日文庫　二〇一一年
『戦後史』上　正村公宏著　筑摩書房　一九八五年
『国会爆弾男・オカッパル一代記』岡田春夫著　行研出版局　一九八七年
『全文・三矢作戦研究』林茂夫編　晩聲社　一九七九年
『自衛隊の歴史』前田哲男著　ちくま学芸文庫　一九九四年
『岩波小事典　現代の戦争』前田哲男編　岩波書店　二〇〇二年
『自衛隊』前田哲男著　岩波新書　二〇〇七年
『日本の国家機密』藤井治夫著　現代評論社　一九七二年
『有事法制とは何か』纐纈厚著　インパクト出版会　二〇〇二年
『憲兵政治』纐纈厚著　新日本出版社　二〇〇八年
『暴走する自衛隊』纐纈厚著　ちくま新書　二〇一六年
『崩れゆく文民統制』纐纈厚著　緑風出版　二〇一九年

『国家緊急権』小林直樹著　学陽書房　一九七九年
『憲法・第四版』芦部信喜著　岩波書店　二〇〇七年
『ナチスの「手口」と緊急事態条項』長谷部恭男・石田勇治著　集英社新書　二〇一七年
『憲法を変えて「戦争のボタン」を押しますか』清水雅彦著　高文研　二〇一三年
『9条改憲・48の論点』清水雅彦著　高文研　二〇一九年
「『三分の二』獲得後の改憲戦略」伊藤哲夫著（『明日への選択』二〇一六年九月号　日本政策研究センター）
『憲法に緊急事態条項は必要か』永井幸寿著　岩波ブックレット　二〇一六年
『改憲―どう考える緊急事態条項・九条自衛隊明記』梓澤和幸著　同時代社　二〇一七年
『恵庭事件―自衛隊法違反―公判記録』6・7　恵庭事件対策委員会編・発行　一九六六年
『憲法裁判・恵庭事件と自衛隊』風早八十二著　新日本出版社　一九六七年
「恵庭裁判・憲法第九条と自衛隊　最終弁論」恵庭事件弁護団編著（『法律時報』一九六七年四月臨時増刊　日本評論社）
『自衛隊違憲裁判・恵庭事件』恵庭事件対策中央連絡会議・北海道恵庭対策協議会編著　労働旬報社　一九六七年
『憲法九条裁判闘争史』内藤功著　かもがわ出版　二〇一二年
「恵庭闘争で発揮された平和運動と平和委員会の力」内藤功著（『平和運動』二〇一九年二月号　日本平和委員会）
「自衛隊の米中戦出兵秘密計画――日米共同〝ブルラン作戦の全貌〟」週刊現代編集部著（『週刊現代』一九六六年九月二九日号　講談社）
「日米会談で甦る30年前の密約（上）――有事の際、自衛隊は米軍の指揮下に」古関彰一著（『朝日ジャーナル』一九八一年五月二二日号　朝日新聞社）
「日米会談で甦る30年前の密約（下）――なし崩しにすすむ指揮統一の既成事実化」古関彰一著（『朝日ジャーナル』一九八一年五月二九日号　朝日新聞社）
『日本はなぜ、「戦争ができる国」になったのか』矢部宏治著　集英社インターナショナル　二〇一六年
『日米指揮権密約の研究』末浪靖司著　創元社　二〇一七年
『日米軍事同盟史研究』小泉親司著　新日本出版社　二〇〇二年

『イラク戦争の出撃拠点』山根隆志・石川巌著　新日本出版社　二〇〇三年
「イラクにおける人道復興支援活動及び安全確保支援活動の実施に関する特別措置法に基づく対応措置の結果」防衛省編著
（防衛省　二〇〇九年）
『日米戦争同盟』吉田敏浩著　河出書房新社　二〇一九年
「市民と憲法を敵に回した自衛隊」週刊金曜日編集部著（『週刊金曜日』二〇〇七年六月一五日号　金曜日）
「憲法運動から情報保全隊を見る視点」内藤功著（『憲法運動』二〇〇七年七月号　憲法改悪阻止各界連絡会議）
「準備書面――陸上自衛隊情報保全隊の国民監視の実態」自衛隊の国民監視差止訴訟原告・弁護団編著　二〇〇八年
『自衛隊の国民監視差止訴訟資料集5』自衛隊の国民監視差止訴訟原告・弁護団編著・発行　二〇一六年
「自衛隊の国民監視差止・国賠訴訟で勝訴判決」小野寺義象著（『平和運動』二〇一二年五月号　日本平和委員会）
「自衛隊『情報保全隊』の『無力化活動』とは何か」小野寺義象著（『週刊金曜日』二〇一五年一二月四日号　金曜日）
「自衛隊の国民監視差止訴訟・仙台高裁判決の画期的内容と克服すべき課題」小野寺義象著（『平和運動』二〇一六年五月号
日本平和委員会）
「自衛隊の国民監視差止訴訟」甫守一樹著（『法と民主主義』二〇一三年七月号　日本民主法律家協会）
「自衛隊情報保全隊による国民監視事件」十河弘著（『法学セミナー』二〇一六年一一月号　日本評論社）
『権力の闇に憲法の光をあてた9年』自衛隊の国民監視差止訴訟原告団・弁護団、自衛隊の国民監視差止訴訟を支援するみや
ぎの会編・発行　二〇一七年
『自衛隊の闇組織』石井暁著　講談社現代新書　二〇一八年
『情報隠蔽国家』青木理著　河出文庫　二〇二一年
「住民監視の危険～土地規制法の問題点」小林武著（『琉球新報』二〇二一年九月三〇日朝刊）
「要塞地帯法の再来」海渡雄一著（『世界』二〇二一年七月号　岩波書店）
「重要施設等周辺住民監視法」仲松正人著（『世界』二〇二一年七月号　岩波書店）
『土地規制法で沖縄はどうなる?』馬奈木厳太郎編著　影書房　二〇二一年
「安全保障関連の土地建物調査・規制法」水島朝穂著（ホームページ「平和憲法のメッセージ」二〇二一年六月二一日）

『財政法逐條解説』平井平治著　一洋社　一九四七年
『軍事費』島恭彦著　岩波新書　一九六六年
『日本大百科全書』小学館
「戦前の国債大量発行の教訓」藤田安一著（『しんぶん赤旗』二〇二二年七月一九日）
「武力によらない安全保障は可能だ」川田忠明著（『経済』二〇一九年八月号　新日本出版社）
「憲法九条を生かした安全保障を考える」川田忠明著（『前衛』二〇二二年三月号　日本共産党中央委員会）
『安保法制下で進む！先制攻撃できる自衛隊』半田滋著　あけび書房　二〇一九年
『虚構の新冷戦』東アジア共同体研究所琉球・沖縄センター編　芙蓉書房出版　二〇二二年
「台湾有事と日米共同作戦」石井暁著（『世界』二〇二二年三月号　岩波書店）
『日米同盟・最後のリスク』布施祐仁著　創元社　二〇二二年
『南西諸島をミサイル基地化』土岐直彦著　かもがわ出版　二〇二二年

吉田敏浩（よしだ・としひろ）

一九五七年、大分県臼杵市生まれ。ジャーナリスト。ビルマ（ミャンマー）北部のカチン人など少数民族の自治権を求める戦いと生活と文化を長期取材した記録『森の回廊』（ＮＨＫ出版）で大宅壮一ノンフィクション賞を受賞。近年は戦争のできる国に変わりつつある日本の現状を取材。『「日米合同委員会」の研究』（創元社）で日本ジャーナリスト会議賞（ＪＣＪ賞）を、『赤紙と徴兵』（彩流社）で「いける本」大賞を受賞。著書に、『ルポ・戦争協力拒否』（岩波新書）、『反空爆の思想』（ＮＨＫブックス）、『密約・日米地位協定と米兵犯罪』（毎日新聞社）、『人を〝資源〟と呼んでいいのか』（現代書館）、『沖縄・日本で最も戦場に近い場所』（毎日新聞社）、『横田空域』（角川新書）、『日米戦争同盟』（河出書房新社）、『日米安保と砂川判決の黒い霧』（彩流社）、『追跡！謎の日米合同委員会』（毎日新聞出版）など多数。

昭和史《しょうわし》からの警鐘《けいしょう》
松本清張《まつもとせいちょう》と半藤一利《はんどうかずとし》が残《のこ》したメッセージ

二〇二三年九月二五日　印刷
二〇二三年一〇月五日　発行

著者　吉田敏浩《よしだとしひろ》
発行人　小島明日奈
発行所　毎日新聞出版
〒一〇二-〇〇七四　東京都千代田区九段南一-六-一七　千代田会館五階
電話　営業本部〇三-六二六五-六九四一
図書編集部〇三-六二六五-六七四五

印刷　精文堂
製本　大口製本

ISBN978-4-620-32786-0